Reinhart und Monika Schacker

Steine der Weisen

Erbauliche spirituelle Erzählungen aus Indien und Europa

Reinhart und Monika Schacker

Steine der Weisen

Erbauliche spirituelle Erzählungen aus Indien und Europa

TRIGA – Der Verlag

Bibliografische Information der Deutschen Nationalbibliothek
Die Deutsche Nationalbibliothek verzeichnet diese Publikation
in der Deutschen Nationalbibliografie;
detaillierte bibliografische Daten sind im Internet über
http://dnb.d-nb.de abrufbar.

1. Auflage 2010

Feldstraße 2a, 63584 Gründau-Rothenbergen
www.triga-der-verlag.de

Korrektorat: Ilka Würpel, Altena

Druck: Gemi s.r.o., Prag
Printed in Czech Republic

ISBN 978-3-89774-736-4

*Dieses Büchlein ist Gott gewidmet
in Seinen vielen Aspekten und Namen.*

*Möge es zum Segen und zur Freude
der Leser sein.*

Inhalt

Vorwort

Anlässlich meiner mehrmaligen Aufenthalte in Indien, bei denen ich meine Yoga-Lehrerausbildung und das Praktikum zum Ayurveda-Spezialisten abschloss, kam ich mit der indischen Philosophie in Berührung. Mich faszinierten die indischen Erzählungen, die ich las und hörte. Ich übersetzte diese Erzählungen für mich in die deutsche Sprache und schrieb sie mir auf. Meine Frau Monika hat diese handschriftlichen Erzählungen in eine schöne Form gebracht und auch noch einige Erzählungen hinzugefügt. Und nun möchten wir diesen reichen Schatz an Erzählungen an Sie, liebe Leser, weitergeben.

Alle Kulturen und Religionen legten ihre spirituellen Lehren in Erzählungen und Parabeln nieder. Auch Jesus Christus sprach zu Seinen Jüngern und zum Volk in leicht verständlichen Gleichnissen. Und so ist es auch mit den traditionellen, spirituellen Erzählungen aus dem alten Indien.

In Indien gab und gibt es zwei Möglichkeiten, sich religiös zu bilden, entweder durch das Studium der heiligen Schriften oder durch das Lauschen der spirituellen Geschichten, die in den alten Puranas niedergelegt sind. Diese Geschichten stellen eine wahre Fundgrube für alle dar, die sich für indische Geschichte, Mythologie und Philosophie interessieren. Die Volkserzählungen sind für Alt und Jung inspirierend und werden in den Tempeln, aber auch in indischen Familien vorgetragen. Wir haben diese Erzählungen durch weitere aus der christlichen Tradition erweitert.

Gott wird uns in diesen Erzählungen immer wieder in anderen Aspekten und verschiedenen Namen begegnen: Er wird in Indien als Freund, Beschützer und als göttliche Mutter oder in Seinen unpersönlichen Aspekten verehrt. Aber letztlich ist Er immer der Eine. Auch wir Christen verehren Gott in persönlicher Form.

Wir Menschen brauchen gute Nahrung für den Körper, den Geist und die Seele. Im Ayurveda – dem traditionellen indischen Medizinsystem – lautet der Leitspruch: »Wir sollen ein langes, gesundes und erfülltes Leben führen, ohne unsere spirituellen Wurzeln zu vergessen.« Wird die Seele vernachlässigt, so werden letztendlich auch unser Geist und Körper leiden.

Diese spirituellen Erzählungen vermitteln in ihrer Kürze geistige Erkenntnisse und schenken Aha-Erlebnisse mit ganz spontanen, klaren Einsichten. Sie enthüllen wertvolle Weisheiten für das Leben, die sonst mühevoll in komplizierten, philosophischen Abhandlungen mit viel Zeitaufwand studiert werden müssten. Sie bringen in den Alltag geistige Erbauung für Jung und Alt, und einfache Kurzgeschichten sind auch zum Vorlesen für Kinder geeignet – kurzum, dieses Büchlein soll die Seele und unseren Geist erquicken.

So bekommen wir eine spirituelle Richtschnur, geistige Orientierung und Lebenshilfe für den Alltag auf leichte und spielerische Art und Weise.

Reinhart und Monika Schacker

Erzählungen aus dem Volk

Der Stein des Weisen

In Seiner Bergpredigt sprach Jesus nicht nur von den Seligpreisungen, Er unterwies die Menschen auch über den Umgang mit irdischen Dingen: »Ihr sollt euch nicht Schätze sammeln auf Erden, die die Motten und der Rost fressen und für die Diebe einbrechen und stehlen. Sammelt euch aber Schätze im Himmel, wo sie weder Motten noch Rost fressen, und wo die Diebe nicht einbrechen und stehlen. Denn wo euer Schatz ist, da ist auch euer Herz.«

Auch die folgende Geschichte wird in Indien immer wieder als Beispiel erzählt, um zu zeigen, dass geistiges Wissen und Weisheit höher zu schätzen sind als materieller Besitz:

Es lebte einst ein Weiser in einfachen und bescheidenen Verhältnissen, er war aber mit allem gesegnet, was er für sein Leben benötigte. Er stand im Ruf, »den Stein der Weisen« zu besitzen, der durch einfache Berührung wertloses Metall zu Gold verwandeln kann.

Zu diesem Weisen kam einst in der Nacht ein Dieb und bedrohte den Weisen mit den Worten: »Du bist im Besitz des Steins der Weisen. Wenn dir dein Leben lieb ist, so gib ihn mir und ich werde dich verschonen.«

Der weise Mann schaute den Dieb einen Moment ruhig an und sprach dann zu ihm: »Es stimmt, ich bin im Besitz des Steins der Weisen, aber er bedeutet mir nichts, du kannst ihn nehmen. Er liegt hinter dem Haus auf einem Müllhaufen.«

Hocherfreut und ohne nachzudenken, rannte der Dieb hinter das Haus und fand auch gleich den Stein wie beschrieben auf dem Müllhaufen. Erfreut wischte er ihn ab, steckte ihn in seine Tasche, und hielt sich für den glücklichsten Menschen der Welt.

Als der Dieb ein Stück gegangen war, kamen ihm Zweifel. Er dachte: ›Der Weise hat mir zwar den Stein des Weisen übergeben, aber wenn er ihn achtlos auf seinem Müllhaufen liegen hat, so muss er wohl im Besitz noch größerer Schätze sein, und ich denke, ich sollte sie mir holen.‹

Sogleich kehrte er zum Haus des Weisen zurück und fauchte ihn an: »Du hast mir zwar den Stein der Weisen gegeben, aber wenn du ihn so achtlos behandelst, musst du im Besitz von noch größeren Schätzen sein. Gib sie mir oder dein Leben hat ein Ende!«

Der Weise lächelte: »Du kannst alle meine materiellen Schätze haben. Sie bedeuten mir nichts. Viel größeren Wert für mich hat die spirituelle Erkenntnis, die mir einen friedlichen Geist und ein glückliches Herz gibt.«

Der Dieb stutzte und dachte über die Worte nach. Dann fiel er zu Füßen des Weisen und sprach: »Wenn du im Besitz von geistiger Weisheit bist, die einen höheren Wert hat als materieller Besitz, so unterweise mich bitte. Nimm mich als Schüler an und lehre mich, das geistige Wissen zu verstehen.«

Ekanath oder die Nächstenliebe

Einst lebte in Indien ein Weiser, der wegen seiner mächtigen und wirkungsvollen Kunst, Mantren – heilige Kraftworte – mit großer Kraft zu rezitieren, hohes Ansehen genoss. Diese gab er aber nur wenigen ausgewählten Schülern weiter, von deren Ernsthaftigkeit und Hingabe er sich lange überzeugt hatte. Auch achtete er sehr streng auf die Geheimhaltung der Mantren.

Nun kam ein junger Mann, der Ekanath hieß, in seine Einsiedelei und bat um die geistige Ausbildung und die Einweihung in ein Mantra, das ihn zur Gotterkenntnis führen könne. Der Weise nahm ihn als Schüler an, und Ekanath diente ihm in Demut und Liebe. Nach einiger Zeit war der Weise von Ekanaths Wissen und Ernsthaftigkeit überzeugt und bereitete die Feuerzeremonie für die Einweihung vor.

Als sie nun am Feuer saßen, erläuterte der Weise die Macht des Mantras: »Mein lieber Ekanath, beachte bitte, dass dieses Mantra in der Lage ist, jedes Lebewesen, ob Mensch, Tier oder Pflanze, von den Fesseln der materiellen Anhaftung zu befreien. Wer dieses Mantra nur einmal hört, wird seine Liebe zu Gott erwecken und diese Liebe lässt alle Anhaftungen an materielle Sinnesobjekte verblassen. Aber gib acht, wenn du dieses Mantra nicht geheim hältst, wirst du zu ewigem Leid in der Hölle verdammt!«

Nach der Einweihung ging Ekanath voller Freude in seine Heimatstadt und stieg ohne zu Zögern auf den Tempelturm. Er rief alle Bürger zu sich und begann laut das Glück verheißende Mantra zu rufen: »OM Namoh Narayana, OM Namoh Narayana!«, das so viel bedeutet wie »Ehre sei Gott«. Dann erklärte er den Bürgern die Wirkung des Mantras und wie es zu rezitieren sei. Und alle Versammelten begannen es gemeinsam zu singen.

Als dem Weisen dieser Vorfall zu Ohren kam, schickte er unverzüglich einen Schüler in die Stadt, um Ekanath zu holen. Dieser trat demütig vor den Weisen. Und auf dessen erboste Frage, warum er das geheime Mantra verraten habe, erwiderte Ekanath: »Alle Lebewesen sind Geschöpfe Gottes, alle haben das Recht auf Seine Liebe. Wenn ich alle Wesen durch das Mantra aus der materiellen Anhaftung befreien und ihre Liebe zu Gott wieder erwecken kann, so gehe ich dafür gerne in die Hölle.«

Da umarmte ihn der Weise und sprach gerührt mit Tränen in den Augen: »Du bist der erste meiner Schüler, der den wahren Sinn dieses Mantras erkannt hat und es richtig anzuwenden wusste. Möge alle Welt von deiner Tat profitieren.«

Dann segnete er Ekanath mit einem langen Leben und spiritueller Größe.

Die Gegenwart Gottes

Als die Schüler eines Weisen ihre Ausbildung abgeschlossen hatten, beschloss er, sie zu prüfen. Er gab jedem einen Stab aus Holz und sprach: »Geht an einen Ort, wo ihr unbeobachtet seid, und zerbrecht den Stab. Gebt aber gut acht, dass euch wirklich niemand sieht.« Die Schüler nahmen Abschied von dem Weisen und begaben sich auf den Weg.

Der erste stieg weit hinauf bis in das große Gebirge, er erklomm den höchsten Gipfel, suchte eine einsame Höhle auf und zerbrach dort den Stab.

Ein anderer zog in den Urwald. Er bahnte sich seinen Weg durch das dichteste Unterholz. Als er kein Lebewesen mehr sehen konnte, zerbrach auch er seinen Stab.

Ein anderer begab sich in die heiße Wüste, und am einsamsten Ort zerbrach er seinen Stab.

Der nächste Schüler wiederum zog zum Ufer des großen Meeres. Dort tauchte er zum tiefsten Grund, vergrub sich im Sand und zerbrach dort seinen Stab.

Ein weiterer benutzte seine mystischen Kräfte und flog in die entferntesten Winkel des Weltalls, um dort seinen Stab zu zerbrechen.

Sie alle kamen stolz und zufrieden zu ihrem Meister zurück und gaben ihm die zerbrochenen Stäbe zurück. Auf seine Fragen berichtete jeder, wie und wo er den Stab zerbrochen hatte.

Nur der letzte der Schüler ließ sich lange Zeit nicht blicken. Als er zurückkam, übergab er traurig dem Weisen seinen unzerbrochenen Stab, verbeugte sich und sprach: »Verehrter Meister, ich war nicht in der Lage, deine Aufgabe zu erfüllen. Ich ging in die

Berge, in den Urwald, durchwanderte die Wüste, tauchte in das Meer und flog in das Weltall. Aber überall spürte ich die Gegenwart Gottes und fühlte mich beobachtet, sodass ich meinen Stab nicht zerbrechen konnte.«

Da umarmte der Meister seinen Schüler und sprach: »Nur du als Einziger hast meine Lehre verstanden. Nur du warst in der Lage, die Gegenwart Gottes überall zu spüren.«

Zwei Mönche und die schöne Frau

Zwei junge Mönche, die einem sehr strengen und enthaltsamen Orden angehörten, waren einst auf einer Pilgerreise. So ergab es sich, dass sie an einen reißenden Fluss kamen, den sie auf ihrem Weg nicht umgehen konnten. Sie suchten sich also eine flachere Stelle, um den Fluss zu durchqueren.

An dieser Stelle saß eine anmutige, junge Frau mit langem, gewelltem Haar, schönen Augen und einem vollendeten Körper. Weinend erzählte sie den beiden jungen Mönchen, dass sie nun schon zwei Tage an dieser Stelle verweile, da sie sich nicht traute, durch den reißenden Fluss zu gehen. Flehentlich bat sie die jungen Mönche, ihr zu helfen.

Der eine Mönch willigte sofort darauf ein, als ihn der andere Mönch unterbrach: »Bruder, bedenke, was du tust. Dies ist eine junge, verführerische Frau und wir sind Mönche und haben das Gelübde des Zölibats abgelegt. Wenn du diese Frau berührst, wird sie deine Lust wecken, und du wirst nicht mehr in der Lage sein, ungestört dein mönchisches Leben zu führen.«

Der andere Mönch lachte aber nur, nahm die junge, schöne Frau auf seine Arme, und machte sich auf den beschwerlichen Weg durch die reißenden Fluten. Der andere Mönch folgte ihm schmollend.

Nachdem sie das andere Ufer glücklich und wohlbehalten erreicht hatten, setzte der Mönch die Frau ins Gras, wünschte ihr einen guten Weg und ging unbeeindruckt weiter. Übel gelaunt folgte ihm der zweite Mönch. Während des Weges redete er ständig auf den anderen Mönch ein und sagte: »Wie konntest du nur diese Frau berühren? Hast du all deine Versprechen vergessen? Was würde unser Meister sagen, wenn er davon erfahren würde? Ich denke, du bist auf dem besten Weg in die Verdammnis.«

So ging es für eine weite Strecke, bis der erste Mönch stehen blieb und sich zu dem nachfolgenden umdrehte. Er sprach:

»Bruder, ich trug die Frau nur über den Fluss und setzte sie dort wieder ab. Ich glaube aber, du trägst sie immer noch.«

Die universale Medizin

Ein weiser und erfahrener Arzt hatte eine gut gehende Praxis in einer indischen Stadt. Er bildete auch junge Schüler aus, von denen einer sehr wissbegierig, aber auch sehr ehrgeizig war.

Einmal saß der Arzt mit diesem Schüler vor seinem Haus, als sie einen Patienten kommen sahen. Der Arzt sprach zu seinem Schüler: »So, wie dieser Mann daherkommt, hat er starke Leibschmerzen. Ich denke, ich werde ihm Ingwer empfehlen.«

Dann ging der Arzt mit seinem Patienten in die Praxis. Nach der Untersuchung und einer langen Beratung gab der glücklich aussehende Patient dem Arzt ein Säckchen Geld. Erstaunt fragte der Schüler: »So viel Geld für etwas Ingwer?« Der Arzt schwieg und lächelte nur.

Als kurz darauf erneut ein von Schmerz gebeugter Mann auf die Praxis zukam, dem man ansah, dass er auch unter Bauchgrimmen litt, sagte der Schüler: »Meister, ich denke, das ist ein Fall für mich. Lasse mich bitte nur machen. Ich weiß ja jetzt, dass Ingwer die richtige Medizin für diese Art von Erkrankung ist.«

Nach kurzer Zeit kam ein wütender, aufgebrachter Patient aus der Praxis gerannt und schimpfte: »So ein Trottel, der will ein Arzt sein, empfiehlt mir für meine Leibschmerzen Ingwer! Und da soll ich noch einen Beutel Geld zahlen. Meine Frau hat eine ganze Kiste Ingwer zu Hause.«

Der Schüler war sehr verwirrt und fragte seinen Lehrer: »Wenn ich richtig beobachtet habe, so hast du dem ersten Patienten Ingwer gegeben für seine Bauchschmerzen, hast Lob und Dank erhalten und einen Beutel Geld bekommen. Ich habe das Gleiche getan, und was habe ich geerntet – nur Schimpf und Schande, was habe ich falsch gemacht?«

Der Arzt lachte und sprach: »Wenn wir einfache Mittel an die Menschen verschreiben, so werden sie diese Medizin nicht wertschätzen. Deshalb ist es wichtig, sie als etwas Besonderes zu beschreiben. Ich habe dem ersten Patienten zwar Ingwer gegeben. Doch ich sagte ihm, dies sei eine universale Medizin, die ganz speziell für seine Krankheit heilend wirke. Daraufhin war er dankbar und bereit, mein Honorar zu bezahlen.«

****

Dies ist eine Praxis, die man in der heutigen indischen Medizin noch immer findet, wo weitverbreitete Unkräuter, die jedoch einen hohen therapeutischen Nutzen haben, unter Fantasienamen, wie z. B. »Universale Medizin«, »Nektar der Unsterblichkeit« oder »Frucht Gottes«, gehandelt werden.

Kamel und Skorpion

Diese Geschichte soll uns lehren, achtsam und nicht leichtgläubig zu sein. Jedes Wesen und jeder Mensch handelt nach seiner Natur. Wir dürfen uns von diversen Versprechen und Verhalten nicht täuschen lassen. Sonst kommen wir zu Schaden.

****

Einst war ein Skorpion auf Wanderschaft. So kam er zu einer Furt an einem großen Fluss. Da das Wasser an der Furt aber für den Skorpion noch zu hoch war, machte er sich Gedanken, wie er das Hindernis überwinden könne.

Da kam ein Kamel des Weges und wollte auch den Fluss überqueren. Der Skorpion sprach nun zu dem Kamel: »Bruder Kamel, ich bin auf dem Weg zu meinen Verwandten und muss auf die andere Seite des Flusses. Da ich sehe, dass auch du hinüber willst, so nimm mich doch bitte mit. Bei meinem geringen Gewicht bin ich für dich keine Belastung.«

Das Kamel blickte auf den Skorpion herunter und bemerkte: »Ich glaube, du spinnst. Ich werde dich nicht auf meinen Rücken nehmen, damit du mich dann stichst und mit deinem Gift tötest.«

Da erwiderte der Skorpion: »Ich werde dich nicht stechen. Wenn du stirbst, müsste ich ja auch sterben und im Wasser ertrinken. Sei versichert, ich tue dir nichts!«

So ließ sich das Kamel überreden, den Skorpion auf seinen Rücken klettern und begann, den Fluss zu durchqueren. Mitten im Fluss rutschte das Kamel jedoch auf einem glatten Stein aus. Der Skorpion bekam einen Schreck und stach schnell zu. Das Kamel begann zu klagen: »Oh du dummer Skorpion, jetzt müssen wir doch beide sterben. Warum hast du das getan?«

Da entgegnete der Skorpion: »Es ist einfach meine Natur, zu stechen. Warum hast du mir geglaubt? Ich bin nun mal ein Skorpion und muss tun, was meiner Natur entspricht.«

Die gewaltlose Schlange

Es lebte einmal eine giftige Kobra in der Nähe eines Felsens vor einem Dorf. Diese Schlange hatte schon viele Kinder des Dorfes mit ihrem giftigen Biss getötet. Da sie aber sehr listig war, misslang jeder Versuch der Dorfbewohner, sie zu erlegen.

In ihrer Not suchten die Dorfleute ihren Heiligen auf und baten ihn flehend um Hilfe: »Heiliger Meister, verhüte bitte durch deine geistige Kraft, dass diese Schlange weiterhin eine Gefahr für unsere Kinder darstellt.«

Der Heilige versprach, ihren Wunsch zu erfüllen. Er begab sich in die Nähe der Stelle, wo die Schlange lebte und lockte sie durch die magnetische Kraft seiner göttlichen Liebe hervor. Dann gebot er ihr: »Höre, Schlange! Töte von nun an keinen meiner lieben Dorfbewohner mehr durch deinen giftigen Biss, sondern übe Gewaltlosigkeit!« Mit gesenktem Haupt versprach es die Schlange.

Kurz nach diesem Vorfall begab sich der Heilige auf eine Pilgerfahrt und kehrte erst nach einem Jahr wieder in das Dorf zurück. Als er an dem Felsen vorbeikam, wo die Schlange hauste, hätte er gern gewusst, ob sie ihr Versprechen gehalten hatte. Und als er Umschau nach ihr hielt, sah er sie zu seiner großen Bestürzung mit schweren Wunden im Rücken in einer Blutlache liegen.

Als er sie fragte, was geschehen sei, antwortete die Schlange mit schwacher Stimme: »Heiliger Meister, als Ergebnis eurer Lehren trage ich sieben Wunden im Rücken davon. Seitdem die Dorfkinder herausgefunden haben, dass ich harmlos bin, bewarfen sie mich jedes Mal, wenn ich auf Nahrungssuche ging, mit Steinen. Obgleich ich so schnell wie ich nur konnte, aus meinem Loch hinaus- und wieder hineinschlüpfte, habe ich doch diese sieben Verletzungen in meinem Rückgrat davongetragen. Meister, zuerst flohen sie bei meinem Anblick, jetzt aber – aufgrund eurer Lehre der Gewaltlosigkeit – muss ich vor ihnen fliehen.«

Der Hindu-Meister streichelte den Rücken der Schlange und heilte sie. Dann schalt er sie lächelnd und sagte: »Du kleine Närrin, ich habe dir nur gesagt, nicht zu beißen. Warum hast du nicht gezischt?«

****

Lehre aus dieser Geschichte: Wenn wir also zu sehr von Menschen belästigt werden, die uns ausnutzen wollen, sollen wir nicht ohne Rückgrat sein und uns verletzen lassen. Spritzen wir ihnen aber auch nicht das Gift der Kränkung ein, sondern halten wir solche Leute lieber fern, indem wir einige Male fest unseren Standpunkt behaupten.

Geschichte von der Eintracht

Auf einem Feld lebte ein Schwarm Wachteln. Aus einem nahen Dorf kam ab und zu ein Wachtelfänger und ahmte den Ruf der Wachteln nach. Wenn ihm daraufhin die Wachteln antworteten, wusste er, an welcher Stelle sie waren, und er pirschte sich leise an sie heran. So warf er dann sein Netz über sie und fing sie ein. Dann verkaufte er sie auf dem Markt und lebte von dem Erlös mit seiner Familie.

Eines Tages sagte eine der Wachteln zum Rest des Schwarmes: »Lasst uns in Zukunft zusammenhalten. Jedes Mal, wenn der Fänger sein Netz über euch wirft, so packt das Netz mit euren Schnäbeln und fliegt alle zusammen empor. Dann lasst ihr das Netz auf einen hohen Baum fallen. Wenn wir alle zusammenhalten, so können wir dem Tod entkommen.« Gesagt, getan.

Jedes Mal flogen die Wachteln mit dem Netz davon und ließen es auf einen hohen Baum fallen, sodass der Wachtelfänger Mühe hatte, sein Netz wiederzufinden.

Die Frau des Wachtelfängers schalt nun ihren Mann, dass er unfähig sei, für seine Familie zu sorgen, da er schon seit Langem keinen Fang mehr zum Markt gebracht habe, um Geld zu verdienen. Daraufhin erklärte ihr der Mann: »Solange die Wachteln alle zusammenhalten, habe ich keine Chance, sie einzufangen. Ich muss einen Weg finden, ihre Eintracht zu zerstören.«

Er sann auf eine List, wie er Zwietracht unter sie säen könne, und so begann er einzelne Körner auf das Feld zu werfen, wo die Wachteln lebten. Die Wachteln begannen sich sofort um die wenigen Körner zu streiten. Jede versuchte, nur ihren eigenen Vorteil zu erlangen.

Und als der Fänger nun erneut sein Netz über sie warf, waren die Wachteln so entzweit, dass sie vergaßen, zusammenzuhalten und mit dem Netz wegzufliegen. So konnte er sie ohne Mühe einfangen, und hatte ab da wieder reiche Beute.

****

Nur wenn alle zusammenhalten, kann eine Gruppe in Frieden leben und sich wehren. Sobald jedoch Zwietracht herrscht, und jeder versucht, für sich alleine Vorteile zu erlangen, ist die Gruppe schutzlos.

Sünde und Schuld

Parvati war sehr stolz, da sie bis zu diesem Tage noch nicht eine Sünde begangen hatte. Sie war sich so sicher, dass niemand sonst außer ihr den Zugang zum Himmel so verdient hätte wie sie.

Als sie am Morgen den Hof kehrte, fiel ihr aus Versehen der Besen aus der Hand und traf einen Käfer und tötete ihn. Parvati war zutiefst betroffen und begann zu lamentieren: »Warum muss mir das passieren? Ich lebte bis heute ohne Sünde und nun dies. Wie soll ich jetzt mit dieser Sünde, ein Tier getötet zu haben, weiterleben? Ich muss jemanden finden, der mir diese Sünde und die Reaktion darauf abnimmt.« Sie nahm den toten Käfer und ging ins Dorf, um jemand zu finden, dem sie diese Schuld übergeben könne.

Im Basar traf sie Savitri, eine Fischerfrau, die Fische verkaufte, und wandte sich an sie. »Wie kannst du leben mit den Sünden, täglich viele Kreaturen umzubringen! Ich habe mein ganzes Leben frei von Sünde gelebt, doch heute Morgen habe ich durch ein Missgeschick einen Käfer getötet, und diese Sünde belastet mich so sehr, dass ich keinen Ausweg mehr sehe. Ich kann mit dieser Schuld nicht leben und muss jemanden finden, der mich davon reinwäscht!«

»Wenn es das ist, das dich beunruhigt und wenn ich dir damit helfen kann«, sprach Savitri, die Fischerfrau, und nahm den toten Käfer, »so werde ich gerne deine Schuld übernehmen. Ich muss so viele Fische töten, um meine Familie zu ernähren. Da kommt es bei mir auf diesen einen Käfer auch nicht mehr an. Ich nehme dir diese Schuld ab. Sorge dich nicht und fühle dich frei und weiterhin ohne Schuld.« Parvati war überglücklich, so ihre Seelenlast losgeworden zu sein, und sie ging stolz nach Hause.

Nun geschah es aber, dass Parvati und Savitri am selben Tag und zur selben Zeit starben. Engel kamen mit einem himmlischen Luftschiff und brachten Savitri in den Himmel. Parvati jedoch wurde von Teufeln ergriffen, um sie in die Hölle zu zerren. Empört wehrte sich Parvati und schrie los: »Ich bin nicht Savitri, die Sünderin. Ihr habt die Falsche erwischt, ich bin Parvati, die Fromme! Ich bin sündlos, bringt doch Savitri in die Hölle, ich gehöre in den Himmel.«

Da sprach der Teufel mit diabolischem Grinsen: »Liebe Frau, dies ist kein Irrtum. Savitri fährt in den Himmel, weil sie es verdient hat, und du folgst uns in die Hölle, wir warten schon auf dich.« Parvati schüttelte heftig den Kopf und fragte, warum dies so sei.

Der Teufel erklärte: »Parvati, es war Savitris Natur und Aufgabe, Fische zu fangen und zu verkaufen, um ihre Familie zu ernähren. Sie hat die Fische ja nicht aus Freude getötet, sondern dies war ihre Pflicht als Fischerfrau. Sie war ihrer Pflicht ergeben, aber auch Gott! Sie versuchte, ihre Aufgabe als Gottesdienst zu sehen und so gut wie möglich zu verrichten. Sie sah sich als Werkzeug Gottes und war so stets in Gedanken bei Ihm. Sie sorgte sich um die Bettler und half den Bedürftigen, und so hat sie auch dir geholfen.

Deine Mildtätigkeiten und deine Frömmigkeit dienten hingegen nur dazu, dein Ego und deinen Stolz zu stärken. In deinem Stolz hast du auf alle anderen herabgeschaut und keinen Heiligen beachtet. Keinen Gedanken hast du für Gott übrig gehabt.

Du warst so extrem selbstsüchtig, dass du, als du den Käfer getötet hast, diese Schuld auf Savitri abgewälzt hast, und sie – in ihrer selbstlosen Art – half dir sofort. Sie beachtete nicht die möglichen Folgen. Sie versuchte nur, dir Erleichterung zu verschaffen. Dafür hat sie den Himmel verdient und du kommst mit uns!«

Die magische Mohrrübe

Der große Meister Paramahansa Yogananda, der im Westen wie auch in Indien sehr verehrt wird, hat die Yoga-Lehre seinen Schülern auch immer wieder mit spirituellen Erzählungen und inspirierenden Gedanken vermittelt. Darunter befindet sich folgende Geschichte:

Vor langer Zeit lebte einmal in Indien ein äußerst zanksüchtiges Weib namens Kalaha, was auf Bengalisch »Streit« bedeutet. Kalaha beschwor jedes Mal beim geringsten Anlass einen heftigen Wortstreit herauf.

Mit den Jahren wurden ihre Böswilligkeit und ihr lasterhaftes Betragen immer unerträglicher. Und schließlich, als die Last ihrer Sünden sehr groß geworden war, begann ihr Lebenslicht zu erlöschen, und Yama – der Todesgott, warf ihre Seele aus ihrem Körper heraus.

Nun begann ihr feinstofflicher Astralkörper die lange Wendeltreppe der Trübsal hinabzusteigen – tiefer und immer tiefer in die schwärzeste Dunkelheit hinein, bis sie mit einem dumpfen Prall auf dem dampfenden Boden der Hölle landete. Als sie sah, dass Yama sie an diesem elenden Ort, wo die Schatten der Sündigen in Qual und Verzweiflung lebten, zurücklassen wollte, rief sie voller Angst und Schrecken um Gnade.

Durch das klägliche, anhaltende Jammern des bösen, alten Weibs bewegt, kehrte Yama schließlich zu ihr zurück und fragte: »Kannst du dich an irgendeine gute Tat erinnern, die du während deiner Erdenzeit vollbracht hast, sodass Ich wenigstens einen einzigen Vorwand habe, um dich aus diesem furchtbaren Ort zu entlassen, an den du durch dein eigenes Verschulden hingelangt bist?«

Das lasterhafte Weib kratzte sich nachdenklich am Kopf, und nach langem inneren Forschen rief sie plötzlich aus: »Oh ja, verehrter Yama, ich erinnere mich an eine freundliche Tat meinerseits. Ich hatte einmal einen Bund Mohrrüben und wollte sie gerade essen, als ich sah, dass eine von ihnen einen Wurm hatte. Und so gab ich diese schlechte Mohrrübe jemand anders, damit er nur den guten Teil davon essen und den Rest wegwerfen sollte, ohne den Wurm zu töten.«

»Das genügt«, sagte Yama. Dann machte Er eine beschwörende Bewegung mit der Hand und schon kam eine Mohrrübe durch die Luft auf die sündige Frau zugeflogen. Und Yama fuhr fort: »Böses Weib, ergreife diese Mohrrübe und halte sie fest. Wenn du sie nicht loslässt, wirst du den Himmel erreichen.«

Gierig ergriff das Weib die Mohrrübe und begann auch sofort, himmelwärts zu schweben. Als ein anderer Sünder dies jedoch sah, ergriff er ein Bein des Weibes, und ein zweiter Sünder hielt sich am Bein des ersten fest, und ein dritter hängte sich an dessen Bein und so fort, bis eine Kette von hundert Sündern vom Bein des bösen Weibes herabhing. Auf Geheiß des Todesengels begann die magische Mohrrübe mit der bösen Kalaha und der Kette von hundert Sündern, durch die Lüfte zum Himmel zu sausen.

Kalaha war außer sich vor Freude, als sie sah, dass sie den Händen des Ewigen Gerichts so leicht entgehen sollte. Doch als sie das Ziehen an ihrem Bein fühlte, schaute sie herab und entdeckte, dass die ganze Kette von Sündern mit ihr zum Himmel fuhr.

Da wurde sie ärgerlich, denn sie konnte den Gedanken, dass andere den gleichen Vorzug von Yama erhalten sollten wie sie, nicht ertragen. Und so schrie sie wütend: »Ihr nichtswürdigen Sünder, lasst mein Bein los! Wie könnt ihr es wagen, mit meiner magischen Mohrrübe zum Himmel zu fahren?«

Im selben Augenblick, als die anderen Sünder ihren Griff lösten, fiel sie selber durch den unergründlichen Raum in die Tiefe hinab und landete wieder mit einem dumpfen Prall auf dem Boden der Hölle.

Die anderen Sünder aber fanden die Mohrrübe und schwebten hinauf, um schließlich die unsterblichen Tore des Himmels zu erreichen.

****

Die Moral dieser Geschichte ist, dass selbst eine kleine gute Tat zur Rettung werden kann, die den trügerischen Abgrund der Sünde überbrückt. Wer aber selbstsüchtig ist und aus Bosheit handelt, um anderen zu schaden, stürzt über dem Ozean der Unwissenheit ab.

Selbstsüchtiges Glück, das das Wohlergehen anderer außer Acht lässt oder nicht dulden kann, muss immer zu Kummer führen. Wer es nicht ertragen kann, andere glücklich zu sehen, kann sicher sein, dass auch er kein Glück finden wird.

Der Mann und die Versuchung

Ein Mann war eine Plage für seine Familie und seine Nachbarn, denn er war ein gewohnheitsmäßiger Trinker. Eines Tages begegnete er einem Heiligen, und dieses Erlebnis inspirierte ihn so sehr, dass er das Gelübde ablegte, von nun an nicht mehr zu trinken.

Er befahl seinen Dienern, seine kostbaren Weine in Kisten zu verschließen, den Schlüssel an sich zu nehmen und den Wein nur noch seinen Freunden zu servieren. Alles ging eine Weile gut, denn der Mann empfand große Freude über seinen Entschluss, nicht mehr zu trinken. Er hatte auch eine Zeit lang kein Verlangen mehr nach Alkohol.

Allmählich fühlte er sich vollkommen sicher gegen die Versuchung, wieder zu trinken. Und so bat er seine Diener, ihm den Schlüssel zum Weinkeller zurückzugeben, damit er seinen Freunden den Wein selbst servieren konnte. Da er sich innerlich immer sicherer fühlte, kam er zu dem Schluss, dass es zu umständlich sei, jedes Mal in den Keller zu gehen und Wein für seine Freunde heraufzuholen. Und so verwahrte er einige Flaschen oben in seinem Schrank.

Mehrere Tage vergingen ohne Zwischenfälle, sodass der Mann bei sich dachte: ›Da ich nun gegen jede Versuchung, zu trinken, gefeit bin, kann ich mir den funkelnden, roten Wein in der Flasche ruhig einmal ansehen.‹ Und so füllte er die Weinkaraffe und stellte sie auf den Tisch. Jeden Tag schaute er die Karaffe an, bis er schließlich dachte: ›Da ich vollkommen gefeit gegen die Versuchung bin, kann ich ruhig einmal an dem Wein riechen.‹

Wieder vergingen einige Tage. Dann dachte er bei sich: ›Da ich nicht mehr an den Geschmackssinn gebunden bin und mir also nichts mehr aus dem Wein mache, will ich mir dies selbst bestätigen, indem ich einen Schluck nehme, ihn koste und dann ausspucke.‹

Gesagt, getan. Dann dachte er weiter: ›Da ich mich nun als so stark erwiesen habe, bin ich auch gegen Alkohol gefeit. Es kann darum nichts schaden, wenn ich ein klein wenig davon trinke.‹ Danach dachte er: ›Da ich die Alkoholsucht nun völlig besiegt habe, will ich von Zeit zu Zeit einen kleinen Schluck nehmen, und zwar so oft, wie ich mir ganz sicher bin.‹

Indem er die Weinflasche wieder in seine Nähe brachte, erweckte dies allmählich die Erinnerung an seine Trinkgewohnheit und es kam zum Rückfall.

Kurze Zeit darauf war er betrunken – und trank von da an hemmungslos jeden Tag, genauso wie vorher.

****

Die Geschichte soll zeigen, dass der Mann seine Gewohnheit, Alkohol zu trinken, vorübergehend durch seinen festen Entschluss, nicht mehr zu trinken, überwunden hatte. Doch der Erfolg hielt nicht an, weil der Mann nicht beachtet hatte, dass er seinem guten Entschluss keine Zeit gelassen hatte, zu einer guten Gewohnheit zu werden.

Dazu braucht es Zeit und Geduld. Es dauert mitunter einige Jahre, um eine schlechte Gewohnheit durch eine gute zu ersetzen.

Vom unzufriedenen Mann

Es war einmal ein frommer, reicher Junggeselle. Er hätte sich glücklich schätzen können, mit einer Ausnahme. Er litt an ständigen Verdauungsstörungen. Er hatte alles Mögliche versucht, konnte aber trotz seines vielen Geldes kein Heilmittel für sein chronisches Leiden finden.

Als er 70 Jahre alt war und in einem schweren Anfall von Magenschmerzen aufs Totenbett geworfen wurde, betete er innerlich: ›Herr, wenn ich wiedergeboren werden sollte, so gib mir in meinem nächsten Leben einen starken und gesunden Körper, der frei von Verdauungsstörungen ist. Dann will ich zu einem wahrhaft glücklichen Menschen werden, ganz gleich, ob ich Reichtümer besitze oder nicht.‹

Als er starb, erschien ihm in einer Vision ein Engel Gottes und flüsterte ihm zu: »Auf Geheiß des Allerhöchsten soll dein Gebet in der nächsten Inkarnation Erfüllung finden.«

Kurz darauf wurde er in einer sehr armen Familie wiedergeboren. Sein Körper aber war schon von Kindheit an so stark wie Eisen. Durch den frühen Tod seiner Eltern geriet er in noch tiefere Armut. Er hatte von seinen Eltern zwar einen kräftigen Körper geerbt, aber er litt ständig an nagendem Hunger. Sein Geld reichte nie aus, um sich genug Nahrungsmittel zu beschaffen.

Doch aufgrund des erfüllten Wunsches aus seiner vorigen Inkarnation sagte er sich innerlich oft: ›Herr, ich bin dankbar dafür, einen gesunden, kräftigen Körper zu besitzen. Und es schadet nichts, wenn ich nur so wenig Geld habe.‹

Jahre vergingen, doch was er auch unternehmen mochte, es war ihm nie möglich, genug Nahrung zu kaufen, um seinen stämmigen Körper bei Kräften zu halten.

Als er schließlich dem Hungertode erlag, betete er: »Herr, ich habe nun genug von starken Muskeln! Was nützen sie mir, wenn ich mir nicht genug zu essen kaufen kann? Oh Herr, wenn ich wiedergeboren werden muss, so gib mir bitte Geld und Gesundheit. Dann will ich bestimmt glücklich sein.«

Der Engel des Herrn gewährte ihm aufs Neue seinen Wunsch. Und in seiner dritten Inkarnation war er ein reicher und körperlich kräftiger Mann. Im Laufe der Jahre sagte er oft: »Ich habe alles – ich bin glücklich!« Später jedoch pflegte er hinzuzufügen: »Trotzdem aber fühle ich, dass Gesundheit und Geld wertlos sind, wenn ich sie nicht mit jemandem teilen kann.«

Und als er im Sterben lag, betete er mit traurigem Herzen: »Herr, wenn ich wiedergeboren werden muss, dann mache mein Leben nicht wieder so entsetzlich einsam, sondern gib mir außer Gesundheit und Reichtum auch noch eine Frau!«

Und der Engel des Herrn gewährte, wie üblich, den Wunsch des Mannes. In der vierten Inkarnation wurde er mit Reichtum und guter Gesundheit gesegnet und heiratete, als die Zeit gekommen war, eine hübsche, aber zänkische und eifersüchtige Frau. Unser Freund verbrachte sein Leben buchstäblich als ihr Gefangener. Als er, durch das ständige Zanken seiner eifersüchtigen Frau, an Alters- und Nervenschwäche starb, betete er wie folgt: »Herr, im nächsten Leben wünsche ich mir außer Reichtum und Gesundheit eine gute Frau.«

Und wieder gewährte der Engel des Herrn seinen Wunsch. In der fünften Inkarnation war er gesund und reich und heiratete schließlich eine sehr gute, fromme und ergebene Frau, die in allem mit ihm harmonierte. Doch nach zwei Jahren, auf dem Gipfelpunkt ihres ehelichen Glücks, starb seine geliebte Gefährtin.

Der Kummer über diesen Verlust schmetterte den Witwer derart nieder, dass er den Rest seines Lebens wie ein Einsiedler verbrachte und die persönlichen Gegenstände seiner verstorbenen Frau wie Reliquien verehrte.

Als unser Freund schließlich ein hohes Alter erreicht hatte und die Zeit seines Sterbens herannahte, betete er: »Herr, wenn ich wieder auf Erden geboren werden muss, so gib mir außer

Gesundheit und Reichtum auch noch eine liebe Frau mit einem langen Leben.« Und wieder erschien ihm in einer Vision der Engel des Herrn und sprach: »Dein Wunsch soll erhört werden.«

In seiner sechsten Inkarnation war er nicht nur reich und gesund, sondern besaß auch eine lang lebende, gute Frau. Glücklich und zufrieden konnten sie ihre silberne Hochzeit begehen. Kurz darauf starb sein Sekretär, und er entschloss sich, eine hübsche, neunzehnjährige Sekretärin einzustellen.

Bald jedoch hatte sich der Mann von seiner neuen Angestellten verblenden lassen und dachte bei sich: ›Meine gute Frau darf dies unter keinen Umständen erfahren, denn ich liebe sie von ganzem Herzen und würde mich nie von ihr scheiden lassen. Leider aber ist sie alt und unschön geworden, und das Gesicht meiner jungen Sekretärin ist jung und frisch wie eine Rose.‹ Doch seine Verblendung gewann die Oberhand, sodass er sich schließlich doch scheiden ließ, um das junge Mädchen zu heiraten.

Die neue Braut blieb so lange bei ihm, bis sie sich den größten Teil seines Vermögens angeeignet hatte. Dann verließ sie ihn um eines jüngeren Mannes willen.

Gebrochenen Herzens begann der verlassene Mann tief zu meditieren und bat den Herrn um eine Vision. Und der Herr gewährte ihm seine Bitte und erschien ihm in majestätischer Gestalt, von einer Glorie goldenen Lichts umgeben.

Er sprach: »Am Ende deiner ersten Inkarnation hattest du durch Gebete zu Mir gefunden und batest Mich, dich von deinem Verdauungsleiden zu befreien. Das gewährte Ich dir und schenkte dir in deiner zweiten Inkarnation einen gesunden, kräftigen Körper.

In den nächsten zwei Inkarnationen wünschtest du dir noch Reichtum und eine Frau. Da diese zänkisch war und dir die Hölle auf Erden bereitete, erfüllte Ich dir in der fünften Inkarnation den Wunsch nach einer guten Frau, die jedoch früh starb. In dieser sechsten Inkarnation schenkte Ich dir zu allem noch eine gute und lang lebende Frau.

Aber was für ein Sorgennest hast du dir bereitet, indem du durch alle erdenklichen Mittel versuchtest, auf dieser trügerischen Erde dein Glück zu finden! Du hast dir nach jeder Inkarnation nach deinen Vorstellungen ein besseres Leben gewünscht und dich so immer mehr verstrickt.

Nach jedem Wunsch versprachst du, dass du glücklicher sein würdest, wenn er dir erfüllt würde. Sage Mir, was wünschst du dir nun noch?«

Da antwortete der vom Leben Enttäuschte voller Ehrfurcht und Erkenntnis: »Herr ich wünsche mir nichts anderes mehr, als das ständige Bewusstsein Deiner Gegenwart. Es soll mir gleich sein, ob ich reich oder arm, gesund oder krank, verheiratet oder ledig, auf der Erde oder im Himmel bin, solange Du mich lehrst, in allen Lebenslagen und überall, wo Du mich hinstellst, glücklich zu sein. Von jetzt ab will ich meinen freien Willen nur noch dazu benutzen, um Deinen Willen auszuführen.«

Und Gott erwiderte: »Mein Sohn, deine Antwort gefällt Mir. Diese Erde ist nichts als ein Platz zum Lernen für die Menschen. Sie bekommen mit jeder Inkarnation die Möglichkeit geschenkt, zu lernen und Erkenntnisse zu gewinnen.

Es tut Mir weh, mit ansehen zu müssen, wie sich die meisten Meiner Kinder ihre Freude von irdischen Wünschen verdunkeln lassen, und vergessen, dass die Tragödien und Komödien des Lebens nur Meine unwirklichen Traumspiele – Maya – sind.

Niemals kannst du in Meiner sterblichen, stets wechselvollen Welt unwandelbares, unsterbliches Glück finden. Baue dein Glück nicht auf dem trügerischen Sand materieller Existenz. Wenn du ewiges Glück finden willst, richte dein Augenmerk nach innen, auf deine Seele und Mich.«

Buddha und die Buhlerin

Gautama Buddha wird in Indien als eine Inkarnation Gottes betrachtet. Er lebte ca. 500 Jahre vor Christus und wurde als Sohn eines indischen Königs geboren. Er war von Pracht und Luxus umgeben und alles Leid wurde von ihm ferngehalten. Er hatte eine Familie.

Auf der Suche nach der Wahrheit verließ der junge Prinz seine Familie, übte strenge Askese, bis er nach sieben Jahren des Fastens und der Disziplin meditierend unter einem Banyanbaum in Bodh Gaya seine Erleuchtung erlangte.

Während seiner Missionsreisen wurden einmal die Jünger Buddhas – die alle das Gelübde der Keuschheit abgelegt hatten – von einem Ereignis verwirrt, das sie an dem Charakter ihres Meisters zweifeln ließ: Der große Buddha ruhte mit ihnen im kühlen Schatten eines Baumes, als sich Ihm eine Buhlerin näherte. Sie fühlte sich von dem leuchtenden Antlitz des Meisters angezogen. Kaum hatte sie in das himmlische Antlitz von Buddha geblickt, als sie von großer Liebe zu Ihm erfasst wurde und in überschwänglicher Gefühlsaufwallung mit ausgebreiteten Armen auf Ihn zulief, um Ihn zu umfassen und zu küssen. Dabei rief sie laut aus: »Oh Herrlicher, Strahlender, ich liebe Euch!«

Die ehelosen Jünger waren aufs Höchste erstaunt, als sie Buddha zur Buhlerin sprechen hörten: »Geliebte, Ich liebe euch – aber rührt Mich jetzt nicht an – noch nicht!«

Sie erwiderte: »Ihr nennt mich Geliebte, und ich liebe Euch. Warum widerstrebt Ihr dann meiner Berührung?«

Der große Buddha antwortete: »Geliebte, ich sage euch nochmals, später will Ich euch berühren – nicht jetzt. Ich will euch Meine wahre Liebe beweisen.« Als Er sah, dass die Frau noch immer nicht zufrieden mit dieser Antwort war, erklärte Er weiter: »Habt Vertrauen, Geliebte, und zweifelt nicht an Meinen Worten. Später, wenn euch jene, die euch jetzt lieben, verlassen haben, will Ich zu euch kommen.« Die Jünger waren aufs Äußerste entsetzt, und einige von ihnen dachten allen Ernstes, dass der Meister sich in die Buhlerin verliebt habe.

Einige Jahre später, als Buddha wieder mit seinen Jüngern meditierte, rief Er plötzlich aus: »Ich muss gehen! Meine Geliebte, die Buhlerin ruft Mich. Sie braucht Mich jetzt, und Ich muss Mein Versprechen an ihr erfüllen.« In großer Bestürzung liefen die Jünger hinter ihrem Meister her – der der Buhlerin bereits entgegeneilte – in der schwachen Hoffnung, Ihn vor der Verführerin retten zu können.

Schließlich gelangte der große Meister mit Seinen aufgeregten Jüngern an denselben Baum, wo sie vor langer Zeit der Buhlerin begegnet waren. Und was sahen sie? Dort lag sie, und ihr einst so schöner Körper war mit eiternden, übel riechenden Pockengeschwüren bedeckt.

Die Jünger wichen entsetzt zurück und hielten sich in weitem Abstand von ihr. Doch Buddha nahm ihren entstellten Körper in Seinen Schoß und flüsterte ihr zu: »Geliebte, Ich bin gekommen, euch Meine Liebe zu beweisen und Mein Versprechen zu erfüllen, euch zu berühren. Lange habe Ich gewartet, um euch Meine wahre Liebe zu zeigen, denn Ich liebe euch, wenn alle anderen euch nicht mehr lieben. Ich berühre euch, wenn all eure Freunde aus glücklichen Tagen euch nicht mehr berühren wollen.« Und indem Er so sprach, heilte Er die Buhlerin und forderte sie auf, Seine Jüngerin zu werden.

Persönliche, körperliche Liebe ist begrenzt und selbstsüchtig und denkt nur an den eigenen Vorteil, oft zum Nachteil aller anderen. Göttliche Liebe aber ist selbstlos und sucht nur das Glück des geliebten Menschen. Gott liebt die Lasterhaften ebenso wie die Tugendhaften, denn sie alle sind Seine Kinder.

Buddha und das tote Kind

Zur Zeit, als Gautama Buddha, der erleuchtete Weise, predigend und lehrend durch Indien zog, ergab es sich, dass eines Tages eine Mutter mit einem toten Kind in den Armen weinend vor Gautama Buddha trat.

Sie rief: »Oh verehrter, weiser Buddha. Man nennt Dich den Erleuchteten. Sieh dieses Kind. Es ist viel zu früh gestorben. Es hatte ja noch nicht einmal eine Chance, selbst über sein Leben zu bestimmen und den Weg der Selbstverwirklichung zu gehen. Oh wie grausam ist doch das Schicksal! Meister, hole doch bitte mein Kind wieder ins Leben zurück, dann will ich Deine ergebenste Jüngerin werden!«

Gautama Buddha betrachtete das tote Kind eine Weile und sprach dann zu der erschütterten Mutter: »Ich werde dir helfen. Gehe wieder in dein Dorf zurück und bringe Mir eine Handvoll Reis von einer Familie, in der noch nie jemand gestorben ist. Dann soll dein Sohn leben.«

Erleichtert und voller neuer Hoffnung lief die junge Mutter zurück zu ihrem Dorf und klopfte an die erstbeste Tür. Sie erzählte von ihrer Begegnung mit dem Buddha und fragte, ob man ihr helfen könne. »Wir würden dir gerne helfen«, antwortete die Hausfrau. »Reis hätten wir genug, aber gerade letzte Woche ist mein Vater gestorben. Es tut mir wirklich leid, aber wir können dir nicht helfen. Versuche es doch bei den Nachbarn.«

Die junge Mutter ging nun von Haus zu Haus, und überall bot man ihr Reis an, aber in jeder Familie war vor kürzerer oder längerer Zeit ein Mitglied gestorben – entweder ein Kind, der Vater, die Mutter, der Onkel oder eine Cousine. Es war zum Verzweifeln.

Zuletzt kam die junge Mutter an eine Türe, wo ihr eine ältere Hausfrau öffnete. Diese hörte sich die Bitte an und sprach dann: »Sieh, liebe junge Frau, auch ich kann dir nicht helfen. Letzte

Woche ist auch mein jüngster Sohn gestorben. Und es war nicht das einzige Kind, das ich verlor. Und es wird auch nicht der letzte Sohn sein, der einer Mutter sterben wird. Das ist der Lauf des Schicksals!«

Die junge Mutter ging nun zurück zu Buddha, dem Erleuchteten. Als dieser nach der Handvoll Reis fragte, lächelte sie still und sagte: »Verehrter Meister, jetzt verstehe ich den Sinn Eurer Worte. Es gibt auf dieser Welt keinen Ort, wo man nicht leiden muss, und es gibt keine Familie, die vom Tod verschont bleibt. Wir müssen das Schicksal gelassen nehmen, denn das Leben geht weiter. Und so, wie auf Winter der Sommer folgt, so folgt auch auf Leid das Glück.«

Der Buddha umarmte die junge Mutter. Erleichtert ob ihrer Erkenntnis begrub sie das tote Kind und wurde eine ergebene Jüngerin des erleuchteten Meisters.

Guru Nanak

Guru Nanak war ein indischer Heiliger, der im 15. Jahrhundert lebte. Er war Begründer der Sikh-Religion. Das höchste Heiligtum der Sikhs – der Goldene Tempel in Amritsar in Nordindien – wird heutzutage von vielen Pilgern besucht.

Obgleich die Hindus und Mohammedaner unterschiedliche religiöse Bräuche und Glaubensbekenntnisse haben, wurden sie von diesem großen Heiligen in feinfühliger Weise als gleichberechtigt behandelt. Er war immer bestrebt, das Beste beider Religionen in seinem neuen Glauben zu vereinen, und bemüht, Frieden zwischen Hindus und Moslems zu stiften.

Guru Nanak lebte ein tugendsames Leben der Wahrheit. Durch seine Liebe und sein beispielhaftes Verhalten zerstreute er die Blindgläubigkeit und den Fanatismus seiner verschiedenartigen Anhänger. Er debattierte mit Gelehrten, Philosophen und Priestern. Er lehrte sie Brüderlichkeit und zeigte ihnen, wie man die Einheit und Allgegenwärtigkeit Gottes im eigenen Herzen erleben kann.

Auf seinen Wanderungen in Indien kam Guru Nanak zu vielen heiligen Orten, u. a. nach Hardwar, Vrindavan, Agra und Varanasi. Er unternahm weite Reisen und sein Weg führte ihn auch nach Arabien, wo er die Stadt Mekka besuchte.

Eines Tages, zur Stunde des Gottesdienstes, verneigte sich Guru Nanak nicht vor dem Heiligtum, sondern legte sich nieder, als ob er schliefe, und zwar so, dass seine Füße zur Kaaba und sein Kopf in die entgegengesetzte Richtung wiesen.

Einige fanatische Mohammedaner waren darüber erbost, als sie sahen, wie sich Guru Nanak hinlegte, anstatt zu sitzen, schlief, anstatt zu beten, und dass er vor allem in ihren Augen frevelhaft genug war, seine Füße anstatt sein Haupt zur Kaaba zu richten. Und einer der Orthodoxen begann ihm heftige Vorwürfe zu machen, indem er rief: »Du unverschämter Sünder, nimm sofort deine Füße da weg – sonst sterben sie dir ab!«

Guru Nanak jedoch erwiderte ruhig: »Sage mir bitte, wo ich meine Füße hintun kann, wo Gott nicht ist! Ich schaue Ihn im Norden, im Süden, im Osten und im Westen; ich schaue Ihn über und unter mir, innen und außen und überall. Wenn du mir einen Ort zeigen kannst, wo Gott nicht ist, würde ich nur zu gern meine Füße dorthin richten.

In euren nur äußerlichen Gebeten vagabundieren ruhelose Gedanken. Eure Köpfe sind zwar zum Heiligtum gerichtet, aber eure Seelen und Gedanken sind weit von Gott entfernt. Ich schätze mich glücklich, dass selbst meine Füße von der all lenkenden Kraft Gottes beschützt werden.«

Unfähig, auf den Vorwurf des Meisters eine Antwort zu finden, geriet der Anführer der orthodoxen Pilger in nur noch größeren Zorn, ergriff die Füße des Heiligen und zog sie gewaltsam in die andere Richtung. Doch siehe, da geschah ein Wunder:

Als Guru Nanaks Füße ergriffen und er in die andere Richtung gedreht wurde, bewegte sich die Moschee mitsamt dem Heiligen ebenfalls in die andere Richtung!

Als die Gemeinde dies sah, verlangten sie von ihrem Priester, dass er demütig genug sein sollte, die große Macht dieses Heiligen anzuerkennen. Und so warfen sich alle Muslime zu Füßen des Meisters Nanak nieder.

Der Heilige aber segnete sie und sprach: »Ihr Kinder meines allgegenwärtigen Vaters, sucht die Gegenwart Gottes zuerst in euch selbst – auf dem Altar eures Herzens.«

Der Mensch – die Krone der Schöpfung

Einst hatten die Tiere eine Versammlung und der Fuchs trat nach vorne und sprach: »Ich, der schlaue Fuchs, bin bestimmt nicht weniger intelligent als der Mensch; und wir Tiere leben noch viel mehr im Einklang mit der Natur als der Mensch. Wir ertragen Hitze und Kälte, ohne zu klagen, und würden keinem unserer Brüder das Fell abziehen, um uns zu schützen. Wir essen nur so viel, wie wir brauchen, und selbst wenn wir Vorräte anlegen, so bleibt genug übrig für die anderen.

Wir leben im Einklang mit der Natur. Wir halten sie rein und belasten und zerstören unsere Umwelt nicht. Wir nehmen von ihr nur so viel, wie wir zum Leben brauchen, und beuten sie nicht aus.

Und trotzdem wird immer wieder der Mensch als Krone der Schöpfung höher bewertet. Was ist nun so Besonderes an den Menschen? Wer von euch weiß eine Antwort?«

Da keines der anwesenden Tiere eine befriedigende Antwort fand, beschlossen sie einen weisen Asketen und Einsiedler, der bei ihnen im Wald lebte, zu fragen.

So versammelten sich die Tiere vor seiner Hütte, und es trat der Hund vor und begann zu sprechen: »Oh verehrter Weiser, du kennst mich gut. Ich bin ein Beispiel für Treue. Selbst wenn mich mein Herr schlägt und mir nur wenig Futter gibt, so bin ich doch dankbar und halte ihm die Treue und beschütze ihn und sein Haus. Der Mensch jedoch vergisst oftmals tausend gute Dienste und erinnert sich nur an den Schaden, den man ihm einmal zugefügt hat. Aus geringstem Anlass und für geringsten Gewinn ist er bereit, Krieg zu führen. Warum sagt man da, der Mensch sei die Krone der Schöpfung?«

Nun trat die Kuh vor und klagte: »Oh edler Weiser, ich gebe den Menschen Milch, Dung und meine Arbeitskraft. Ich bin mit etwas Gras oder Heu zufrieden. Ich bin sanftmütig, und viele Menschen betrachten mich als Mutter. Aber sobald ich alt geworden bin und keine Milch mehr geben kann, so jagt man mich davon oder schlachtet mich! Und diese undankbaren Menschen werden als Krone der Schöpfung verehrt. Warum?«

Und nun war die Krähe an der Reihe: »Unter uns teilen wir jedes bisschen Nahrung und sei es noch so klein. Der Mensch jedoch hortet und je mehr er hat, umso mehr neidet er den Besitz anderer. Wie kann ein so gieriges und selbstsüchtiges Geschöpf höher als wir Tiere angesehen werden?«

Der Fisch begann zu flüstern: »Oh Weiser, ich bereite den Menschen keinen Schaden. Im Gegenteil, ich halte die Seen und Teiche sauber. Auch fresse ich den Abfall, den er in die Flüsse wirft. Dafür werde ich aber nicht geachtet, sondern gefangen und gegessen.«

Der Esel rief: »Der Fisch hat recht und auch ich bin dem Menschen von großem Nutzen. Ich trage seine Lasten demütig und ohne mich zu beklagen. Die Menschen in den Bergen könnten ohne mich nur schwer versorgt werden. Und was ist der Dank? Schläge und Hetze!«

»Weiter«, rief der Fuchs, »erzählt ihm alle eure hervorragenden Eigenschaften.«

»Verehrter Weiser«, begann der Hirsch, »meine Haut benutzt der Mensch für seine Kleidung und mein Geweih schmückt seine Behausung.«

Da unterbrach ihn der Pfau: »Meine Federn sind so schön und werden für viele mystische Rituale genutzt. Und selbst Sri Krishna, der höchste Herr, schmückt sich mit meinen Federn. Niemand hat je gehört, dass Ähnliches mit den Haaren des Menschen gemacht wird.«

»Wir haben außerdem viel bessere Sinne als der Mensch«, riefen Hund, Katze und Eule.

Nun trat der Elefant vor: »Ich bin so stark, dass in vielen Wäldern ohne meine Hilfe weder Wirtschaft noch Handel betrieben werden kann. Ich transportiere die gefallenen Baumstämme und beseitige Hindernisse.

Nun hast du unsere Vorzüge gehört. Da aber der Mensch als Krone der Schöpfung geachtet wird, muss er doch Besonderheiten besitzen, die ihn über uns hervorheben. Bitte erleuchte uns mit deinem Wissen.«

Der Weise entgegnete den Tieren: »Alles, was ihr sagtet, ist wahr und richtig. Eure Sinne sind oft besser als die des Menschen und viele von euch verhalten sich auch edler als der Mensch. Aber der Mensch hat die Gabe der Unterscheidung, er kann Recht von Unrecht unterscheiden. Ihr aber seid von euren Instinkten geleitet. Der Mensch hat die Gabe, seine Instinkte zu kontrollieren und ein höheres Gottesbewusstsein zu entwickeln. Deshalb bezeichnet man ihn als die Krone der Schöpfung.«

Der schlaue Fuchs dachte kurz nach und fragte dann: »Wenn der Mensch aber nicht Recht von Unrecht unterscheidet und seine Instinkte nicht kontrolliert und nicht nach höherem Bewusstsein und Gotteserkenntnis strebt, was ist er dann?«

»Wenn er dies nicht tut, ist er die niederste aller Kreaturen, wenn er es jedoch tut, so ist er der Erhabenste der Schöpfung«, erklärte der Weise lächelnd, und die Tiere waren zufrieden.

Der Heilige als König

In einem fernen Land gab es einst einen speziellen Brauch. Starb der König, ohne dass es Nachkommen gab, so ließen die Priester einen besonderen Tempelelefanten frei. Dieser ergriff eine Person, die er mochte, mit seinem Rüssel und setzte sich diese auf seinen Rücken. Die ausgewählte Person wurde dann zum König gekrönt und ohne jede weitere Frage vom ganzen Volk als Regent anerkannt.

Nun begab es sich einmal, dass der Elefant einen Sanyasin, einen entsagten Mönch ergriff, und dieser wurde nun mit großer Verehrung zum Königspalast geführt. Der Sanyasin war sehr erstaunt und erkundigte sich bei den Ministern, warum man ihn hierher gebracht hatte. »Edler Herr, du wirst unser neuer König sein. Der Tempelelefant hat dich auserwählt. Das ist hier bei uns so Brauch!«, sagten die Minister.

Da erwiderte der Sanyasin: »Verehrte Minister, ich bin ein Bettelmönch, losgelöst von der Welt und ihren Affären. Was soll ich mit einem Königreich anfangen? Ich will es nicht.« Die Minister bedrängten nun den Sanyasin und baten ihn, sie nicht zu enttäuschen. Schließlich gab der Sanyasin zögernd nach. Nun wurde er gekrönt und das Volk nannte ihn den »Heiligen König.«

Der »Heilige König« war nicht angehaftet an Macht, Besitz und Land. Er behandelte alle Bewohner gleich. Er regierte gerecht und uneigennützig, und so gedieh und entwickelte sich das Königreich unter seiner Herrschaft prächtig. Es herrschte Frieden, den Menschen ging es gut.

Der König des Nachbarstaates wurde nun neidisch auf den »Heiligen König« und das reiche Land, und so beschloss er es zu erobern. Die Minister berichteten ihrem »Heiligen König« besorgt von dem Angriff. Dieser fragte: »Warum greift uns unser Nachbar an? Was will er von uns?«

Die Minister erwiderten: »Wir wissen es nicht. Seine Heere marschieren in unser Land und eilen auf die Hauptstadt zu. Gib uns den Befehl, dass wir uns ihm entgegenstellen und kämpfen!«

»Nein, nein«, widersprach der »Heilige König«, »bleibt ruhig, was bringt Kampf und Blutvergießen!« Die Minister waren entsetzt und ratlos, gehorchten aber. Ihr König blieb ruhig und gelassen.

Als der feindliche König nirgends im Land Gegenwehr vorfand, marschierte er direkt in die Hauptstadt und zum Palast des »Heiligen Königs«. Er trat herausfordernd vor ihn hin und sprach: »Oh König, ich bin gekommen, um mit dir zu kämpfen. Warum wehrst du dich nicht?«

Ruhig erwiderte ihm dieser: »Warum willst du mit mir kämpfen, was bringt dir das?«

Überrascht sagte der Angreifer: »Ich will dein Königreich gewinnen und dein Land erobern. Ich will hier der König sein!«

Der »Heilige König« schüttelte den Kopf und entgegnete: »Wenn es das ist, was du willst, brauchst du doch nicht zu kämpfen und zu töten. Ich bin ein Sanyasin, auch als König war ich immer Sanyasin. Ich bin nicht angehaftet und mir gehört hier nichts. Nimm den Thron, regiere gerecht und schone das Volk.« Friedlich und gelassen erhob sich der »Heilige König«, übergab dem Eindringling alle Zeichen seiner Königswürde und wollte den Thronsaal verlassen.

Der feindliche König war zutiefst getroffen und überwältigt. Er fiel vor dem Sanyasin zu Füßen und bat um Verzeihung für sein Tun. Er bot dem »Heiligen König« auch die Regentschaft über sein Land an, wenn er ihn als Schüler annehmen würde.

So hatte der »Heilige König« nun ein weiteres Königreich, obwohl er nicht danach verlangt hatte. Die Minister waren verblüfft und sprachlos. Sie verstanden aber nun die Macht der Entsagung, Losgelöstheit und Gewaltfreiheit.

Krishnas Gnade

Einst lebte in Indien ein Fürst, der an seinem Hof einen Hofnarren hatte. Dieser Hofnarr war ihm Diener, Weggefährte, oft ein verlässlicher Ratgeber und ein treuer Freund in guten wie in schlechten Tagen. Die Aufgabe des Hofnarren war es aber hauptsächlich, den Fürsten aufzuheitern und seine Stimmung auszugleichen. Da er klug und weise war, so gelang es ihm meist, auf die Launen des Fürsten einzugehen.

Einmal jedoch geschah es, dass der Fürst sich bei den Vorbereitungen für einen Jagdausflug verletzte. Als der Narr den Ärger und die aufkeimende Wut des Fürsten spürte, versuchte er ihn zu besänftigen und sprach: »Oh edler Herr, verliert nicht Euren Gleichmut. Diese kleine Verletzung ist nichts als die Gnade Gottes!« Zornig fragte der Fürst, wie er darauf komme und er solle es erklären. Lachend sagte der Hofnarr: »Oh Herr, alles, was auf dieser Welt geschieht, ist Gottes Gnade. Wartet nur ab und Ihr werdet es sehen!«

Jetzt brauste der Fürst erst recht voller Zorn auf und rief: »Ich lasse dich für die Zeit der Jagd in den Kerker werfen und in Ketten legen. Dann kannst du darüber nachdenken, mich zu verspotten!«

Der Narr erwiderte: »Edler Herr, tut, was Ihr nicht lassen könnt. Aber auch das wird sich als Gnade Gottes erweisen.« Der Fürst gab seinen Wachen einen Befehl und sie führten den Narren in den Kerker.

Am nächsten Morgen brachen der Fürst und sein Gefolge in aller Frühe auf. Er vermisste seinen Gefährten, den Narren, und seine verletzte Hand schmerzte ihn sehr. Seine Laune war schlecht, und so war ihm das Jagdglück in den nächsten Tagen nicht sehr hold. Frustriert beschloss er eines Morgens, alleine tiefer in den Wald vorzudringen, denn ohne Beute wollte er nicht zum Hof zurückkehren. Da alle in seinem Gefolge noch schliefen, sattelte er sein Pferd und ritt los.

Nun lebte in einem alten Tempel tief im Wald eine Bande vom Stamm der Thurgs. Das waren Räuber und Verehrer der Göttin Kali – dem alles verschlingenden Aspekt Gottes – die wohlhabende Kaufleute oder Reisende überfielen, sie ausraubten und die Gefangenen dann als Opfer für die Göttin Kali töteten.

Als sie den Fürsten bemerkten, überfielen sie ihn und verschleppten ihn zu ihrem Tempel. Dort teilten sie die Beute und bestimmten einen günstigen Tag, an dem der Fürst bei einem großen Fest zu Ehren der Göttin Kali geopfert werden sollte. Als der Festtag herannahte, führten sie den Fürsten in den Tempelraum, um ihn für das Opferritual vorzubereiten. Als sie den Fürsten auszogen, um ihn zu baden, bemerkten sie seine verletzte Hand. Und da nur makellose und unversehrte Menschen von edler Geburt für dieses grausige Opferritual als geeignet angesehen wurden, ließen sie den Fürsten laufen, und so entging er dem Opfertod.

Er irrte lange Tage hilflos durch den tiefen Wald, bis er letztlich doch total erschöpft und halb verhungert seine Hauptstadt und den Palast erreichte. Als er sich erholt hatte, erinnerte er sich an seinen Hofnarren im Kerker. Er ließ ihn unverzüglich holen. Er begrüßte ihn freundlich und sprach: »Oh lieber Freund, meine Verletzung hat sich ja nun wirklich als ein Segen erwiesen. Da hattest du recht mit der Gnade Gottes. Diese Verletzung hat mir das Leben gerettet. Wie aber verstehst du deine Kerkerhaft als Segnung – als Gnade Gottes?«

Da erwiderte der Narr lachend: »Hättet Ihr mich nicht in den Kerker werfen lassen, so wäre ich auf dem Opferaltar der Göttin Kali gelandet. Deshalb war es eine Gnade, dass Euer Zorn mich in den Kerker werfen ließ!«

Die Gnade Gottes

Im Mittelalter, zur Zeit der Mogulherrschaft, gab es im Dekkan, dem zentralen Hochland Indiens, ein reiches Hindudorf. Die Felder waren fruchtbar, es gab genug Wasser, so fielen die Ernten sehr gut aus und in dem Dorf musste niemand Hunger leiden.

Nun geschah es aber, dass eines Morgens alle Schweine des Dorfes tot in ihren Pferchen lagen. Die Dorfbewohner waren bestürzt und begannen, nach der Ursache zu forschen. Plötzlich starben auch alle Hühner. Bald gab es kein einziges Huhn mehr, das gackerte, und keinen Hahn, der krähte.

Besorgt berieten sich die Dorfbewohner und beschlossen, eine Abordnung zu einem heiligen und weisen Mann zu schicken, der seine Einsiedelei auf einem nahen Hügel hatte. Der Heilige beruhigte sie und sprach: »Sorgt euch nicht, liebe Dorfbewohner, dies ist wahrlich eine Gnade Gottes und alles wird sich zum Besten wenden!« Verwundert zogen die Bauern wieder zu ihrem Dorf zurück und berichteten den Zuhausegebliebenen von der sonderbaren Erwiderung des Heiligen.

Als sie am nächsten Morgen erwachten, war es ungewöhnlich ruhig, und als sie vor ihre Hütten traten, sahen sie, dass in der Nacht alle Hunde des Dorfes gestorben waren. Auch alle fremden und streunenden Hunde flohen aus dem weiten Umkreis des Dorfes.

Wieder berieten sich die Dorfbewohner und beschlossen erneut, eine Abordnung zu dem Heiligen zu senden. Dieser hörte sich wieder wortlos die Schilderung der Dorfbewohner an und begann dann zu lachen und sprach: »Warum sorgt ihr euch? Es ist zwar erstaunlich, wie sich die Gnade des Herrn auswirkt. Aber sorgt euch wirklich nicht. Es wird sich am Ende alles zum Besten wenden!«

Die Dorfbewohner schüttelten verwirrt die Köpfe und dachten bei sich, dass der Alte doch schon etwas sonderlich und vielleicht nicht mehr ganz klar im Kopf sei. Ratlos kehrten sie zum Dorf zurück.

Als sie am darauffolgenden Morgen erwachten, bemerkten die Bewohner des Dorfes bestürzt, dass nachts alle Feuer erloschen waren. Auch im Tempel brannte keine Lampe mehr. Alle Versuche, sie wieder zu entzünden, blieben erfolglos – so sehr sie sich auch bemühten. Sie brachten kein Feuer zum Brennen.

Ratlos liefen wieder einige Bewohner zu der Einsiedelei des Heiligen. Dieser kam ihnen von seinem Hügel herab entgegen, und als er alles erfahren hatte, begann er zu tanzen und vor Freude zu springen. Er rief ununterbrochen: »Oh wie wundersam wirkt sich Gottes Gnade aus, oh wie wunderbar! Habt Vertrauen und sorgt euch nicht. Alles wird sich zum Besten wenden!«

Jetzt aber wurden die Dorfbewohner wütend und verließen die Einsiedelei. Unterwegs schimpften sie über den Heiligen: »Unsere Schweine sind tot, alle Hühner gestorben. Keinen Hund gibt es mehr im Dorf und kein Feuer will mehr brennen. Und der alte Trottel will uns etwas von der Gnade Gottes erzählen. Der ist doch nicht mehr richtig im Kopf!«

Nun war es aber, dass zu dieser Zeit der grausame Mogulherrscher Aurangzeb mit seinen Kriegshorden mordend und plündernd durch die Hindugebiete zog. Als die Bewohner von Ferne die heranziehenden Heerscharen sahen, flohen sie und versteckten sich in den Feldern.

In einiger Entfernung hielt Aurangzeb sein Heer an und beobachtete das Dorf eine Weile misstrauisch. Dann sprach er zu seinen Hauptleuten: »Mir ist nicht geheuer. Da stimmt etwas nicht. Dass die Bewohner dieses Dorfes geflohen sind, war zu erwarten. – Aber seht: Kein Huhn gackert, kein Hahn kräht, keine Hunde bellen und keine Schweine wühlen im Abfall. Seht ihr Rauch aus irgendeinem der Häuser? Kein Feuer scheint zu brennen. Das ist sicher eine Falle. Lasst uns ganz schnell von hier verschwinden, bevor es uns übel ergeht!«

Hastig zogen die Kriegsscharen weiter, und das Dorf blieb durch Gottes Gnade auf wundersame Weise gerettet.

Gottes Barmherzigkeit und Schutz

Narayan Prasad liebte seine Mutter über alles und sorgte sich liebevoll um sie. Als sie dann starb, war er entgegen allen Erwartungen nicht traurig – im Gegenteil, er fühlte sich sogar glücklich und befreit. Er suchte seinen Andachtsraum auf und verbeugte sich vor dem Bild von Sri Jagannath auf dem Altar und betete: »Oh geliebter Herr, Du zeigst Deine unendliche Gnade, indem Du mir die letzte Bindung an das weltliche Leben genommen hast. Meine Mutter ist jetzt bei Dir und auch ich kann mich jetzt Dir ganz ohne jede Ablenkung widmen. Oh Herr, gewähre mir die Gnade vollständiger Hingabe!«

Narayan Prasad und seine Mutter waren beide liebevolle Anhänger von Sri Jagannath. Dies ist eine Form von Sri Krishna, der als Herr des Universums in einer speziellen Form im Tempel von Jagannath Puri in Bengalen verehrt wird.

So lenkte er nun unverzüglich seine Schritte zum Ort Jagannath Puri, der am Golf von Bengalen liegt. Auf dem langen Weg sang und tanzte er, ganz in Gedanken an die heiligen Namen des Herrn vertieft. Dabei vergaß er alles um sich herum und gewahrte nur den Herrn in seiner Meditation. So besuchte er auch nicht den berühmten Tempel mit seinen Tausenden Pilgern, sondern suchte sich eine ruhige Stelle am Strand des Ozeans. Dort versank er ganz tief in die Meditation über die transzendentalen Geschichten des Herrn.

Drei Tage vergingen, in denen Narayan Prasad nichts aß und trank. Vor lauter innerer Entzückung und Ekstase verspürte er nicht Hunger oder Durst. Sein Platz war auch so abgelegen, dass ihn niemand in seiner Versenkung störte.

Sri Jagannath wandte sich an Seine ewige Gefährtin, Lakshmi Devi, die Glücksgöttin, und sprach: »Oh sieh nur diese Hingabe! Dieser Mein getreuer Diener und Anhänger sitzt dort am Strand glücklich in Gedanken in Mich versunken und er spürt nicht

Hunger oder Durst. Nun ist es Meine Pflicht, ihn mit allem Notwendigen zu versorgen. Ich muss ihn beschützen, er hat ja nur Mich als Schutz. So gehe doch bitte zu ihm und bringe ihm von den köstlichen Speisen aus dem Tempel. Ich würde es Mir nie verzeihen, wenn er wegen Mir leiden müsste!«

Lakshmi Devi willigte ein und brachte Narayan Prasad von den ausgesuchten Speisen, die dem Herrn im Tempel geopfert worden waren. Da er in so tiefer Versenkung war und der Herr ihn so gepriesen hatte, war Lakshmi Devi zu scheu, sich ihm zu zeigen, und so stellte sie nur den goldenen Teller mit den Speisen und das Trinkgefäß vor ihn hin und zog sich leise und unbemerkt zurück. Narayan Prasad hörte aber die feinen, goldenen Fußglöckchen von Lakshmi Devi, als sie davoneilte, und er erwachte aus seiner Trance.

Er wunderte sich, dass er niemanden sehen konnte, aber dann spürte er Hunger und Durst. Er dankte dem Herrn für diese unerwartete Gabe. Nachdem er seinen Hunger und Durst gestillt hatte, fiel er in einen tiefen Schlaf.

Als er erwachte, sah er vier finster schauende Tempeldiener um sich herumstehen, und er hörte sie rufen: »Schaut diesen elenden Dieb, hat er doch einen goldenen Teller und ein kostbares Trinkgefäß aus dem Tempel von Sri Jagannath gestohlen. Steh auf und folge uns zum König. Der wird schon wissen, welche Strafe dir zusteht!«

Ergeben erhob sich Narayan Prasad und folgte den Dienern zum Palast. Unterwegs dachte er bei sich: ›Ich bin mir keiner Schuld bewusst. Ich habe nichts Unrechtes getan. Jene Person, die mir diese Speise brachte, hätte aber besser den Teller wieder zurückgebracht.‹ Er verschwendete aber keine weiteren Gedanken daran und vertiefte sich wieder in seine Meditation über den Herrn.

Als der König, der auch der Verwalter des Tempels war, vom vermeintlichen Diebstahl des Tempelgeschirrs hörte, wurde er unbändig zornig und befahl, den Dieb auf der Stelle auszupeitschen.

Die Knechte des Königs waren nur zu bereit, ihre Macht zu zeigen, und begannen nun gnadenlos, auf den armen Narayan Prasad einzuschlagen. Kraftvoll fielen die Peitschenhiebe auf seinen Rücken. Aber so sehr sich die Knechte auch abmühten, Narayan Prasad zeigte kein Zeichen von Schmerz. Auch zeigten sich keine Wunden auf seinem Körper. Er lachte nur und lobpreiste den Herrn. Verwirrt und entmutigt ließen die Knechte von ihm ab, und auf Geheiß des Königs warfen sie ihn vor die Tore des Palastes.

Narayan Prasad ließ sich dadurch aber nicht aus seiner inneren Ruhe bringen und suchte sofort wieder seinen ruhigen Platz am Meeresstrand zum Meditieren auf. Am Abend hörte er wieder die Fußglöckchen, wieder war niemand zu sehen und wieder fand er erlesene Speisen auf goldenen Tellern und ein Gefäß mit einem erfrischenden Trunk vor. Diesmal aber verschwand das gesamte Geschirr auf geheimnisvolle Weise, als er fertig gegessen und getrunken hatte.

Der König konnte in dieser Nacht nicht schlafen. Er hatte ständig das Gefühl, er würde aus dem Bett fallen. Verängstigt erhob er sich und sah plötzlich die wunderbare Gestalt Sri Jagannaths vor sich stehen. Entsetzt sah er aber, dass Blut von Seinem Rücken tropfte. In Panik rannte er zum Tempel und ließ sofort die Priester rufen. Sie mussten ihm die Tore zum innersten Raum und die Türen des Altars öffnen.

Der König und die Priester standen nun entsetzt vor der Statue des Herrn, von deren Rücken Blut floss und der mit Striemen übersät war. Der König verstand sofort, dass dies nur auf die Auspeitschung des Diebes zurückzuführen war, und sein Herz verkrampfte sich vor Scham über seinen Fehler und seine Ungerechtigkeit.

Er ließ sich von den Dienern die Stelle am Strand zeigen, von wo sie den vermeintlichen Dieb abgeführt hatten, und fiel dort ehrfurchtsvoll vor Narayan Prasad nieder. Er erzählte ihm, was sich begeben hatte, und bat immer und immer wieder um Vergebung für seine unüberlegte Tat. Er flehte ihn an, doch um die Heilung der Wunden auf Sri Jagannaths Körper zu bitten.

Narayan Prasad brach daraufhin in Tränen aus und rief: »Oh mein geliebter Herr, Du Ozean der Gnade und Milde! Warum hast Du diese Tortur für einen so unwürdigen Diener wie mich auf Dich genommen? Hättest Du nicht die Knechte des Königs von ihrer Tat abhalten können, anstatt die Hiebe auf Dich selbst zu nehmen?« Während er so verzweifelt weinte, vergingen die Striemen auf dem Körper des Herrn und das Blut hörte auf zu fließen.

Sri Jagannath erschien nun vor Narayan Prasad und dem erstaunten König und erklärte: »Mein lieber Narayan Prasad, entsprechend deines Karmas für dieses Leben musstest du diese Tortur erleiden. Da du Mir aber so ergeben warst und es für dich nur Mich und Meine Verehrung gab, so musste Ich dich doch beschützen.

Jedoch konnte Ich dein Karma nicht einfach löschen, weil Ich deine negativen Handlungen, die dein Karma verursacht haben, nicht ungeschehen machen kann, und so nahm Ich die Hiebe für dich auf Mich.

Alle Menschen, müssen gemäß des Gesetzes des Karmas, des Gesetzes von Ursache und Wirkung, die leidvollen Reaktionen auf ihre früheren negativen Handlungen ertragen, sogar die, die Mir ihr ganzes Leben weihen, aber die Wirkungen können gemildert werden. Sie müssen dabei nicht so leiden, da Ich sie beschütze, da sie nur Mich als Schutz und Trost haben!«

Der König sah nun die Gestalten von Sri Jagannath und Narayan Prasad in einem hellen Licht verschmelzen, und tiefer Friede und Freude erfüllten sein Herz.

Die Liebe des Gurus

Der Schüler Ram Das trat vor seinen Guru und sprach: »Verehrter Meister, ich lebe jetzt viele Jahre hier und habe vieles gelernt. Aber in meinem Herzen wächst der Wunsch nach den Freuden der Welt. Ich versuche hart, dieses Verlangen zu besiegen, aber ich fühle mich sehr schwach. Oft drängt es mich, deinen Ashram, die Einsiedelei, heimlich zu verlassen und mich der Welt zuzuwenden, aber die Liebe zu dir hält mich davon ab. Was soll ich nur tun? Bitte gib mir deinen Rat!«

Sein Guru erwiderte: »Oh mein Sohn, auch ich habe dein Verlangen und deinen Kampf beobachtet. Fest verwurzeltes Verlangen im Bewusstsein ist fast nicht zu besiegen. So gehe denn mit meinem Segen hinaus in die Welt, heirate und lebe als Familienvater. Nach 10 Jahren kehre zu mir zurück und nehme dein Studium wieder auf. Nutze die Zeit, um die wahre Natur der weltlichen Vergnügen zu begreifen. Und lasse deine Gedanken immer bei den Füßen des Herrn verweilen und bitte Ihn um Schutz.«

Ram Das nahm Abschied von seinem Guru und ging in sein Heimatdorf, heiratete, bekam Kinder und begann ein Geschäft aufzubauen. Da er seinem Guru von ganzem Herzen gedient und seinen Segen erhalten hatte, war er bald ein gemachter Mann.

Als die 10 Jahre verstrichen waren, stand eines Tages unerwartet ein Sadhu, ein Bettelmönch, an der Tür seines Hauses. Er verlangte den Herrn des Hauses zu sprechen. Ram Das erkannte seinen Meister sofort und bat ihn höflich in sein Haus. Der Guru sprach: »Die 10 Jahre, die ich dir gab, sind um. Konntest du dein Verlangen nach den Freuden der Welt stillen?«

Ram Das antwortete: »Ich habe erfolgreich alles genossen, das mir die Welt geboten hat. Ich wollte dich auch öfter besuchen, aber meine Kinder sind noch so klein und brauchen doch noch meinen Schutz. Bitte gib mir noch einmal 10 Jahre, damit ich ihre Erziehung und Ausbildung abschließen kann. Dann werde ich wieder zu dir kommen.«

Weitere 10 Jahre zogen über das Land und ein vom Alter gezeichneter Ram Das begrüßte seinen Meister, als dieser kam, um ihn an die Zeit zu erinnern und ihn zu holen. Ram Das sprach: »Verehrter Meister, mein Weib ist gestorben, meine Kinder haben eigene Familien. Ich habe alle Pflichten eines Ehemannes und Vaters erfüllt. Auch bei meinen Geschäften war ich sehr erfolgreich.

Aber meine Kinder sind noch sehr unerfahren in geschäftlichen Dingen. Ohne meinen Rat würden sie all den Reichtum, den ich für sie gesammelt habe, im Nu verlieren und müssten sicher hungern. Sie brauchen mich noch eine Weile, bis sie selbst die volle Verantwortung tragen können. Dann werde ich gerne wieder zu dir zurückkehren.« Der Guru verließ schweigend das Haus.

Nach weiteren 10 Jahren kam der Guru erneut zu Ram Das, um ihn abzuholen. An der Tür erwartete ihn ein junger Hund. Der Guru erkannte Ram Das sofort. Im Haus erfuhr er, dass Ram Das vor einem Jahr gestorben war. So groß war seine Anhaftung gewesen, dass er als Hund geboren wurde, um sein Haus zu bewachen.

Der Guru versetzte sich in den Geist des Hundes und sprach zu ihm: »So Ram Das, bist du nun bereit, mir zu folgen?«

»Verehrter Meister, meine Kinder haben einige mächtige Feinde, und ohne meinen Schutz sind sie denen hilflos ausgeliefert. In ein paar Jahren werden sie es aber geschafft haben und in gefestigter Position leben. Erst dann kann ich in Frieden mit dir ziehen.« Wieder verließ der Guru wortlos den Ort.

Nach weiteren 10 Jahren kehrte er wieder zu Ram Das' Haus zurück. Der Hund war inzwischen gestorben und Ram Das war im Körper einer riesigen, giftigen Kobra wiedergeboren und lebte hinter dem Geldschrank, um diesen zu bewachen.

Der Guru konnte dies mit seiner spirituellen Sicht erkennen und er beschloss, dass es endlich Zeit sei, Ram Das ein für alle Mal von seiner Verblendung zu befreien.

Er betrat das Haus und sprach zum Enkel von Ram Das: »Mein Sohn, in einem Winkel bei eurem Geldschrank liegt eine sehr gefährliche Schlange. Sei so gut und verjage sie. Töte sie aber bitte nicht, sondern schlage sie bewegungslos und bringe sie dann zu mir.«

Der junge Mann war erstaunt, als er alles so fand, wie es der alte Sadhu beschrieben hatte. Er sammelte alle Männer des Hauses, bewaffnete sie mit Steinen und Stöcken. Damit verdroschen sie die Schlange gar fürchterlich. Und wie der Sadhu es gewünscht hatte, töteten sie die Schlange nicht, aber sie verletzten sie so, dass sie sich nicht mehr bewegen konnte. Die Männer übergaben die Schlange an den Guru und waren froh, das gefährliche Tier los zu sein. Der Meister streichelte liebevoll über den Kopf der Schlange, legte sich das Tier um den Hals und verließ das Haus.

Auf dem Weg belehrte er Ram Das: »Mein lieber Sohn, noch nie ist es jemandem gelungen, alle seine Verlangen zu befriedigen und so zu stillen. Wenn ein Wunsch erfüllt wird, zeugt dies zehn neue Wünsche. Die Unterscheidung von Realität und Traum ist unsere einzige Zuflucht. Wache auf, dann wirst du in deiner nächsten Geburt die Befreiung erlangen.«

Ram Das erwiderte weinend und voll Reue: »Geliebter Meister, wie gütig du doch bist. Obwohl ich dich jedes Mal zurückgewiesen habe, bist du mir gefolgt und hast mich nie aus den Augen verloren. Nun hilfst du mir sogar zurück zu deinem Ashram. Gewiss ist niemand in der Welt so voll Liebe wie der Guru, und es gibt niemals so selbstlose Liebe wie zwischen Guru und Schüler!«

Der Schutz des Gurus

Eine Jüngerin von Paramahansa Yogananda, eines Meisters der Neuzeit, sollte wichtige Besorgungen für den Ashram machen. Dazu musste sie mit einem bestellten Taxi nach Los Angeles fahren.

Schon während der Fahrt fühlte sie, dass der Taxifahrer ungute Absichten hegte, sie entweder berauben oder ihr sonst Gewalt antun könnte. Sie hatte während der ganzen Fahrt große Angst, betete zu ihrem Meister und bat um Schutz.

Sie kam gut am Ziel in der Stadt an und machte ihre Erledigungen. Aber ihr war schon bange, als der Taxifahrer auf sie wartete und sie wieder einstieg, um die Rückfahrt anzutreten. Innerlich betete sie inbrünstig, dass der Meister sie auf der Rückfahrt beschützen möge. Und es passierte ihr auch während der ganzen Fahrt nichts. Sie kam gut und wohlbehalten wieder beim Meditationszentrum an.

Beim Aussteigen und Bezahlen fragte sie der Taxifahrer verwundert: »Wo ist denn der dunkelhaarige Mann, der die ganze Zeit hinter mir im Wagen saß?«

Der wahre Karma-Yogi

Einst kam ein Schuh zu einem Heiligen und klagte: »Oh verehrungswürdiger Meister, höre meine Sorgen. Ich trage meinen Herrn Tag und Nacht überallhin, über Steine, Dornen und durch Schmutz. Durch sein Gewicht wird meine Sohle immer dünner. Trotzdem nimmt mich mein Herr nie mit ins Haus. Er wirft mich jedes Mal vor die Türe. Ich kann es nicht länger ertragen, dass mein Herr meinen Dienst so verachtet.«

Der Heilige erwiderte: »Oh, verehrter Schuh, du bist in der Tat ein großer Karma-Yogi. Du dienst deinem Herrn unter großen Opfern bei jedem Wetter und bei jeder Gelegenheit. Du schützt seine Füße vor Dornen, Steinen und Schmutz. Du nimmst große Härte auf dich. Du bist ein Beispiel für verehrungswürdigen Dienst. Alle Ehre sei dir gewiss.

Doch mir scheint, dass du den Sinn und die Ausführung von Karma-Yoga nicht vollständig verstanden hast. Der Karma-Yogi sollte seinen Dienst als selbstlosen Gottesdienst ansehen. Er sollte keinen persönlichen Gewinn erwarten, nicht einmal Wertschätzung des geleisteten Dienstes. Wenn er eine Handlung ausführt, sollte der Karma-Yogi Gott in der Person sehen, für die er den Dienst ausführt. Und er sollte der Person dankbar sein, dass sie ihm Gelegenheit gegeben hat, Gott zu dienen.

So denke bitte nicht, dass du den Füßen deines Herrn dienst, sondern fühle, dass du den Füßen Gottes dienst. Auf diese Weise wirst du mit einer ganz anderen Einstellung deinen beschwerlichen Dienst erfüllen können. Äußerlich wird sich für dich nicht viel ändern, aber innerlich wirst du Freude und Erfüllung finden.

Gott ist in allen Lebensformen zu finden. Weise das Verlangen nach Ehre und Respekt von dir. Ein Karma-Yogi sieht Ehre und Schande als gleich, da sie ja nur seinem Körper gelten. Dies hilft dir, deinen Geist ruhig und ausgeglichen zu halten. Statt weltlichen Gewinns wirst du so ohne Zweifel die Gnade und das Wohlwollen Gottes erlangen, und Friede und vollendetes Glück werden sich in deinem Herzen einstellen.

Dies ist mein gut gemeinter Rat. Möge er deinem Wohle dienen.«

Eine Prüfung der Entsagung

In Hardwar, der heiligen Stadt am Oberlauf des Ganges, lebten einst zwei Sanyasins, Mönche, die das Gelübde der Entsagung abgelegt hatten.

Der eine war vorher ein wohlhabender und geachteter Kaufmann gewesen. Und jetzt, wo er die Lebensstufe der Entsagung angenommen und alle seine familiären, geschäftlichen und gesellschaftlichen Verpflichtungen aufgegeben hatte, waren seine Kinder und Freunde sehr um sein Wohlergehen besorgt und verwöhnten ihn mit allen Annehmlichkeiten des Lebens. Sie sorgten für eine gute Wohnung und gaben ihm einen Koch und einen Diener. Er akzeptierte ganz einfach die Liebe und Fürsorge seiner Kinder und Freunde, aber ohne seine innerliche Haltung der Entsagung aufzugeben.

Der andere Sanyasin verzichtete hingegen auf jeden Besitz und lehnte alle Dinge bis auf einen Lendenschurz, eine Decke und eine Bettelschale ab. So lebte er Sommer wie Winter und war sehr stolz auf seine strenge Askese und lobte sich öffentlich bei jeder Gelegenheit.

Voller Stolz begann er dann, über den gut versorgten Sanyasin zu lästern: »Er wurde wohl zu alt für das Leben als Familienvater und Kaufmann, und nun gibt er vor, ein entsagter Sanyasin zu sein. Aber seht nur den Luxus, in dem er lebt!« Der wohl versorgte Sanyasin hörte wohl von diesen Reden, aber er ging nicht darauf ein und lebte ruhig und zufrieden.

Eines Tages begab es sich, dass sich unsere zwei Sanyasins mit einer großen Menge von Sadhus, entsagten Mönchen, an den Badeghats, den Ufern des Ganges trafen.

Der Asket begann sofort, vor allen Versammelten zum wohl versorgten Sanyasin herausfordernd zu sprechen: »In dem Lebensstand des Sanyasin liegt eine große Macht, aber nur, wenn er richtig ausgeführt wird – so etwa, wie ich lebe.

Du hast zwar deinem Reichtum und deiner Familie entsagt, aber wann werde ich es erleben, dass du auch auf deinen Luxus verzichten kannst?«

»Jetzt und sofort«, erwiderte der andere Sanyasin, »komm und lass uns auf eine Pilgerreise nach Badrinath zur Gangesquelle gehen.«

Der Asket war total überrascht, er wusste nichts zu erwidern, und so folgte er ihm. Schweigend marschierten sie eine Weile und hatten bald die Stadt aus den Augen verloren. Plötzlich erinnerte sich der asketische Sanyasin an seine Decke und die Bettelschale, die er an den Badeghats zurückgelassen hatte. Er blieb stehen und rief: »Warte, mein Bruder. Ich muss umkehren, um meine Decke und meine Bettelschale zu holen. Ich ließ sie am Badeghat in Hardwar liegen.« Woraufhin er ein vielsagendes und bezeichnetes Lächeln von dem anderen Sanyasin zu sehen bekam.

****

Wahre Entsagung ist das innere Loslösen von Anhaftung und vom »Ich- oder Ego-Bewusstsein«. Der wohl versorgte Sanyasin war bereit, von einem Augenblick zum anderen alles zurückzulassen, da er zwar in Luxus lebte, ihn aber nicht als sein Eigentum betrachtete.

Der arme Sanyasin hingegen sah seine Decke und die Bettelschale als sein Eigentum und hing sehr an ihnen. Er wollte ohne sie die Reise nicht fortsetzen.

Ayaz und der König

Zur Zeit eines mächtigen Herrschers wurde ein ehemaliger Sklave zum Minister. Der Herrscher empfand große Zuneigung zu Ayaz, so hieß der ehemalige Sklave. Und so machte er ihn auch bald zu seinem persönlichen Berater.

Dies erweckte den Neid der anderen Minister. Sie versuchten mit allen Mitteln, die Zuneigung des Herrschers zu Ayaz zu zerstören, um ihn loszuwerden. Aber was sie auch immer versuchten, welche Intrigen sie auch immer anzettelten, es half nichts, der Herrscher hielt zu Ayaz.

Eines Morgens, während einer Ratssitzung, fragten die Minister den Herrscher ganz direkt: »Oh erhabener Herrscher, wir sind von edler Geburt und dazu bestimmt, deine Ratgeber zu sein. Warum ziehst du diesen Sklaven uns vor? Worauf gründet sich deine Zuneigung?«

Der Herrscher erwiderte: »Oh ja, es gibt einen Grund, warum ich Ayaz liebe. Ihr werdet es bald verstehen.« Dann schwieg er zu diesem Thema.

Monate später rief der Herrscher seine Minister und Ratgeber zusammen und sprach: »Meine lieben Minister, morgen werde ich mich in meinem Lustgarten vor den Toren der Stadt verstecken. Kommt gleich am Morgen und sucht mich! Versucht mich bis zum Sonnenuntergang zu finden. Demjenigen von euch, der mich zuerst findet, verspreche ich eine reiche Belohnung!«

Die Minister freuten sich und jeder sah sich schon als Sieger und dachte über die Art der Belohnung nach. Keiner kam so zur Ruhe, und so schliefen sie erst sehr spät in der Nacht ein. Während der Nacht ließ der Herrscher die Straßen, die zu dem Garten führten, festlich schmücken.

Von frühmorgens an ließ er Musikanten, Sänger, Gaukler, Magier, Schauspieler und hübsche Tänzerinnen an der Straße ihre Künste und Vorführungen darbieten. Auch gab es wohlduftende Stände mit den köstlichsten Speisen und Getränken des ganzen Reiches.

Als am frühen Morgen die Minister von der Musik und dem munteren Treiben geweckt wurden, waren sie begierig zu sehen, was es da gäbe. Als sie alles sahen, konnten sie nicht widerstehen und bald verweilten sie bei den Festlichkeiten, sie waren bald hier und bald dort. Sie mischten sich unter die wunderschönen Tänzerinnen und lauschten dem betörenden Gesang und der Musik. Sie genossen auch die verschiedensten Vorführungen der Gaukler, Magier und Schauspieler.

Jeder dachte für sich: ›Der Garten des Herrschers ist ja nicht so groß, und so sollte es ein Leichtes für mich sein, ihn dort in ein paar Minuten zu finden. So kann es auch nicht schaden, wenn ich hier noch eine Weile bleibe. Die Zeit bis zum Sonnenuntergang ist ja auch noch lang!‹ Die vergnüglichen Stunden vergingen wie im Fluge bei all dem schönen Zeitvertreib.

Als sich jedoch die Sonne zum Horizont senkte, erschraken die Minister und eilten zum Garten. Sie konnten jedoch nicht verhindern, dass die Sonne schon untergegangen war, als sie dort ankamen. Beschämt sahen sie den Herrscher auf einer Bank im Garten sitzen, angeregt und fröhlich im Gespräch mit Ayaz.

Ärgerlich fragten die Minister den Ayaz: »Seit wann bist du denn schon hier! Hast du die reizvollen Tänzerinnen nicht gesehen, nicht die schöne Musik gehört und die herrlichen Speisen gekostet?«

Ayaz fragte: »Welche Tänzerinnen? Welche Musik? Meine Gedanken waren bei meinem Herrn, und so bin ich am frühen Morgen sofort hierher geeilt, habe meinen Herrn gesucht und gefunden, wie es sein Wunsch war. Seitdem bin ich hier bei ihm!«

Da sprach der Herrscher: »Seht meine geliebten Minister, dies ist der Grund, warum ich so tiefe Zuneigung zu Ayaz verspüre. Seine Augen sehen nichts außer mir. In seinem Herzen ist kein Platz für etwas anderes außer mir! Wie kann ich ihn dann gering schätzen und gar vergessen? Wie kann meine Liebe zu ihm vergehen? Solche Treue macht ihn mir so lieb wie mein eigenes Leben.«

****

Mit genau solcher Zuneigung und Liebe sollten wir Gott, unseren Herrn lieben. Unsere Augen sollten hinter aller Schöpfung nur Ihn sehen. Unsere Aufmerksamkeit sollte auf Ihn gerichtet sein. Dann wird auch Er uns voller Zuneigung lieben, führen und schützen, Leben für Leben.

Gumini, die perfekte Ehefrau

In der Stadt Kanchi lebte ein reicher und erfolgreicher Kaufmann. Seine Schiffe segelten zu allen Häfen der Welt und seine Karawanen zogen in die entferntesten Winkel der Erde. Nur etwas fehlte ihm zu seinem Glück. Er war unverheiratet und wünschte sich sehnlichst eine Familie.

Da er aber Angst hatte, die Frauen würden nur sein Geld oder seine Stellung sehen, so verkleidete er sich als Astrologe und zog in die Welt. Wo immer er ein begehrenswertes Mädchen sah, so ging er unter dem Vorwand, ein Horoskop erstellen zu wollen, in das Haus ihrer Eltern. Dort stellte er dann die Mädchen auf die Probe. Er gab ihnen einen Beutel mit Reis und bat sie, ihm daraus ein reichliches Mahl zu bereiten. Die meisten Mädchen lachten ihn aber aus, und so zog er unverrichteter Dinge weiter.

Nun geschah es, dass er in das Haus kam, wo Gumini und ihre Eltern wohnten. Er war von Guminis Anmut und Schönheit verzaubert und ihre fröhliche, aber auch bescheidene Art entzückte ihn. So stellte er auch sie auf die Probe.

Gumini nahm den Reis, löste die Körner aus den Schalen. Die Körner legte sie in Wasser und ließ sie quellen. Die Schalen aber verkaufte sie an einen Goldschmied zum Polieren der Schmuckstücke und von dem Geld kaufte sie Gemüse, einige Gewürze und etwas Holz.

Nun würzte sie das Reiswasser mit Rosenblättern und reichte es dem Kaufmann. Das kühle Wasser und das Aroma der Rosenblätter beruhigten seine Sinne, und Gumini bereitete ihm im Garten einen Platz zum Ruhen.

Nun kochte Gumini den Reis und das Gemüse auf dem Holzfeuer. Als der Reis fast fertig war, bedeckte sie den Topf mit einer Decke und ließ den Reis nachquellen. Sie löschte das Feuer, nahm das verkohlte Holz und verkaufte die Holzkohle auf dem Markt. Dafür kaufte sie Obst und Süßigkeiten.

Nun setzte sie sich in den Garten zu dem schlafenden Kaufmann und weckte ihn mit lieblichem Gesang. Sie brachte ihm Wasser zum Waschen der Hände. Dann servierte sie ihm den Reis und das Gemüse auf einem Teller, den sie aus großen Blättern zusammengesteckt hatte.

Als er gegessen hatte, reichte sie ihm das Obst und die Süßigkeiten als Nachtspeise. Danach wusch sie ihm die Hände und trocknete sie mit einem Tuch, das sie zuvor in der Sonne gewärmt hatte.

Der Kaufmann war über die Klugheit und Aufmerksamkeit Guminis überaus erfreut. Sie war als Erste in der Lage gewesen, seinen Wunsch zur vollsten Zufriedenheit zu erfüllen.

In ihr hatte er endlich die ideale Ehefrau gefunden, und so bat er sie, seine Gemahlin zu werden. Gumini und ihre Eltern waren einverstanden. Und so nahm er sie mit zu sich in sein Haus in Kanchi.

Der Bauer und die Elemente

Ein verzweifelter und unzufriedener Bauer betete einst zu Gott. »Das Leben ist so ungerecht. Ständig macht mir das Wetter Probleme. Entweder es regnet tagelang in Strömen, sodass meine Felder sich in Sumpf verwandeln und ich den Boden nicht bereiten kann, oder die Sonne brennt mit großer Hitze erbarmungslos auf das Land, sodass die Frucht verdorrt. Ein anderes Mal wieder weht der Wind mit stürmischer Gewalt, sodass alle Getreidehalme umknicken. Und immer muss ich leiden und schauen, wie ich mich und meine Familie ernähren kann. Lass mich doch einmal das Wetter machen. Ich bin schließlich Bauer, und ich weiß, was gut für die Natur ist.«

Gott nickte und sprach: »Wenn du so sicher bist, die Natur und das Wetter besser leiten zu können als Ich, so sei dieser Wunsch für ein Jahr erfüllt. Dann werden wir sehen, wer es besser macht.«

Zufrieden und voller Zuversicht machte sich der Bauer im nächsten Frühjahr an die Arbeit. Er schuf eine trockene, warme Periode, die er zum Pflügen nutzte. Danach ließ er es einige Tage sanft regnen, sodass der Boden weich und feucht war, und er die Saat gut in die Erde bringen konnte. Er ließ die Sonne genau im richtigen Maße ihre Wärme strahlen, und immer, wenn der Boden drohte, zu trocken zu werden, ließ er es regnen.

Das Korn gedieh prächtig, die Halme schossen in die Höhe, und der Bauer hatte eine wahre Freude an seinen Feldern. Als dann im Herbst die Erntezeit herankam und er prüfend an seinen Feldern entlangging, erschrak er. Die Halme standen zwar hoch und kräftig, aber die Ähren trugen kein Korn. Es waren nur leere Hülsen.

Verwundert und enttäuscht betete er wieder zu Gott: »Oh Herr, ich habe alles nach meinem besten Wissen ausgeführt. Das Korn gedieh prächtig. Aber nun gibt es keine Körner. Kannst Du mir dies erklären?«

Gott sprach: »Du hast zwar alles bedacht, was dir in den Sinn kam, um eine gute Ernte zu bekommen. Du hast aber den Wind vergessen. Der Wind störte dich sonst, wenn er dir ins Gesicht blies und dir die Arbeit erschwerte oder als Sturm deine Halme knickte. Bedenke aber, dass der Wind auch die Pollen trägt, um so die Getreidehalme zu befruchten. Ohne den Wind bekommst du keine vollen Körner und auch damit keine Ernte.«

Einsichtig und beschämt sprach der Bauer: »Oh Herr, verzeihe mir bitte meinen Hochmut. Ich muss eingestehen, Du leitest die Natur weise und in vollem Überblick der Zusammenhänge. Ich werde Dich nie wieder kritisieren, wenn mir das Wetter wieder einmal einen Schaden zufügt.«

Indra als Schwein

Als die Halbgötter, die Bewohner der himmlischen Planeten, wieder einmal mit den materialistischen Dämonen in Streit lagen, geschah es, dass Indra – der König der Halbgötter – in einer Entscheidungsschlacht den geistigen Lehrer der Dämonen tötete. Daraufhin wurde er von den Dämonen verflucht, die Gestalt eines Schweins auf der Erde anzunehmen. Sri Krishna milderte den Fluch ab und gestattete ihm, nach einiger Zeit nach eigenem Wunsch wieder seine eigene Gestalt zu bekommen.

Die Halbgötter wählten einen neuen König. Es kehrte Ruhe auf den himmlischen Planeten ein. Einige Zeit später begannen die Dämonen jedoch wieder anzugreifen, und sie brachten die Halbgötter in schwerste Bedrängnis. So beschlossen diese, den alten, mächtigen Indra wieder zurückzuholen.

Narada Muni machte sich auf den Weg zur Erde, um den Götterkönig Indra zu suchen. Er fand ihn schließlich in einem Schweinestall und überbrachte ihm die Bitte der Halbgötter.

Indra hatte jedoch seine göttliche Herkunft und seine hohe Position total vergessen und sich ganz mit seinem Schweinekörper identifiziert. Und so erwiderte er: »Was soll Ich auf den himmlischen Planeten? Mir geht es hier bestens, Ich bin das stärkste Tier, habe die fettesten Weibchen und die schönsten Ferkel. Der Lehm ist weich und warm, und jeden Tag gibt es frische Abfälle. Lasst Mich doch in Ruhe!«

Narada Muni besann sich kurz und führte dann Indras Seele in die Region zwischen Himmel und Erde zurück, sodass er beide Lebensformen sehen konnte. Bestürzt und voller Graus sah er sein irdisches Schweineleben und beschloss ohne Zögern, alle Illusionen abzulegen und zu den himmlischen Planeten zurückzukehren.

****

Auch viele Menschen sind sich ihrer wahren Herkunft und ihres wahren Wesens nicht bewusst bzw. haben es vergessen. Sie führen ein Leben in Unwissenheit. Das führt zu einem Leben in Leid und Ängsten, aber auch zu Verstrickungen und Abhängigkeiten jeglicher Art.

Dabei sind wir nach dem Ebenbild Gottes geschaffen und unsere Seele ist unsterblich und unverletzlich. Wir haben schöpferische Kräfte, wir brauchen uns nur mit Gott verbinden. Er ruht in unserem Herzen.

Eine Maus als Kapital

Eine Witwe hatte einen Sohn, der Somdat hieß, und den sie unter großen Entbehrungen zu einem rechtschaffenen, jungen Mann erzogen und ihm eine gute Schulbildung ermöglicht hatte. Als er seine Ausbildung beendet hatte, ging er auf die Suche nach einer guten Arbeit, um nun seinerseits seiner Mutter einen Lebensabend ohne Sorgen zu ermöglichen.

Er zog in die nächste Stadt und ging in das Haus eines Kaufmanns, der wohlhabend und als großzügig bekannt war. Es geschah nun, dass Somdat die Geschäftsräume in dem Moment betrat, als der Kaufmann mit einem säumigen Schuldner schimpfte: »Jetzt habe ich dir so oft Geld gegeben, aber du hast es nur verprasst. Schämst du dich denn gar nicht? Jemand, der seinen Verstand beisammenhat und ehrgeizig ist, könnte sogar diese tote Maus als Startkapital nützen.« Er hielt dabei eine tote Maus in seiner Hand.

Da trat Somdat vor und sagte: »Verehrter Herr, ich bin bereit, diese Maus als Startkapital zu nutzen.« Der Kaufmann war recht verdutzt. Er gab ihm aber dann die tote Maus, als er sah, wie ernst es Somdat meinte.

Dieser ging nun schnurstracks zu einem Händler, der als Katzenliebhaber bekannt war, und offerierte ihm die tote Maus. Dankbar gab ihm der Händler ein Säckchen mit Getreide.

Somdat ging nun zu einer Waldlichtung, wo Holzfäller arbeiteten, und bot ihnen an, für sie zu kochen. Auch schleppte er für sie Wasser zum Trinken und zum Waschen herbei. Dafür bekam er von jedem Holzfäller ein gutes Stück Holz. Dieses Holz verkaufte Somdat auf dem Markt, und für das Geld kaufte er Lebensmittel zum Kochen.

Bald kamen so viele Holzfäller zu ihm, dass er nicht alles Holz für die Lebensmittel eintauschen musste, und so sammelte er eine große Menge Holz, das er gut trocknen und ablagern ließ.

Als nun die Holzfäller weiterzogen und gutes Bauholz knapp wurde, kamen die Leute zu Somdat und boten ihm sehr viel Geld für sein Holz. Von diesem Geld eröffnete er ein Lebensmittelgeschäft.

Dann holte er seine Mutter zu sich, und sie lebten glücklich und sorgenfrei. Die Geschäfte gediehen nun so gut, dass Somdat eines Tages beschloss, den Kaufmann aufzusuchen, von dem er damals die tote Maus erhalten hatte.

Er ließ eine kleine Maus aus purem Gold fertigen und brachte sie dem Kaufmann. Dieser war zutiefst gerührt und von der Ernsthaftigkeit und Geschäftstüchtigkeit Somdats so beeindruckt, dass er Somdat zu seinem Teilhaber machte und ihm seine Tochter zur Frau gab. Bald darauf heirateten sie, und Glück und Erfolg wohnten in ihrem Haus.

Der falsche Heilige

Einst lebte ein Mann, der zu faul zum Arbeiten war und sich deshalb das Gewand eines Asketen anzog. Er suchte sich einen Platz am Ufer des heiligen Ganges, wo ihn jeder sehen konnte, und legte ein Schweigegelübde ab.

Bald hatte er sein Ziel erreicht und die Leute verehrten ihn als Heiligen. Sie überhäuften ihn mit Almosen und Geschenken. So war sein Lebensunterhalt gesichert und er begann nun die Häuser der Reichen zu besuchen, um dort in Saus und Braus zu leben.

So kam er eines schönen Tages in das Haus eines mildtätigen Kaufmanns und ließ sich dort nieder. Der Kaufmann schickte seine überaus schöne Tochter mit einer Mahlzeit zu dem Schwindler. Als dieser das Mädchen sah, übermannte ihn die Lust, und er begehrte das Mädchen für sich. Überwältigt rief er aus: »Oh, welch ein Mädchen!«

Der Kaufmann, der dies gehört hatte, eilte überrascht herbei und rief: »Verehrter Heiliger, heute hast du in meinem Haus dein Schweigegelübde gebrochen. Verrate mir bitte den Grund.«

Der falsche Heilige war nicht um eine Ausrede verlegen, und sofort reifte ein Plan in ihm. Er antwortete: »Oh werter Kaufmann, an diesem Mädchen sehe ich viele Zeichen, die Unglück verheißen, und ich war überwältigt von Mitleid mit ihr und deiner Familie. Wenn dieses Mädchen in deinem Haus bleibt, so wird eine Katastrophe über dich hereinbrechen.«

Der Kaufmann wurde ganz verzweifelt und bat den falschen Heiligen, dies doch bitte abzuwenden. Der Schwindler tat, als ob er nachdenken müsse, und sagte dann: »Oh Kaufmann, es gibt nur einen Ausweg. Lege das Mädchen in einen großen Korb, verschließe ihn gut, stelle eine Lampe darauf. Dann setze den Korb heute Nacht auf die Fluten des Ganges. Dann werden die Götter sich ihrer und deiner wieder wohlgesonnen annehmen.«

Leichtgläubig und das drohende Unheil vor Augen, tat der Kaufmann, wie ihm geraten wurde. Zwei seiner Knechte setzten in der Nacht den Korb auf das Wasser des Ganges. Der falsche Heilige rief nun einige Vertraute und bat sie: »Heute Nacht möchte ich ein heiliges Ritual ausführen. Dafür brauche ich eure Hilfe. Geht heute Nacht zum Ganges und da wird ein Korb mit einer Lampe darauf in den Fluten schwimmen. Holt ihn und bringt ihn unverzüglich zu meiner Hütte. Öffnet ihn aber auf gar keinen Fall, auch wenn ihr Geräusche aus dem Korb hört.« Die Verehrer gingen arglos zum Fluss und warteten.

Nun begab es sich aber, dass gerade in dieser Nacht ein Prinz mit seinem Gefolge an diesem Ort auf der Jagd war, und er sah einen Korb in den Fluten schwimmen. Er ließ den Korb holen und öffnen. Als er die wunderschöne Kaufmannstochter erblickte, war er überrascht und ließ sich von dem verängstigten Mädchen die ganze Geschichte erzählen. Sein Herz regte sich und er sprach: »Fürchte dich nicht, ich werde dich beschützen. Da dich dein Vater verstoßen hat, möchte ich dich an meinen Hof nehmen und du sollst meine Gemahlin werden.« Das Mädchen willigte erleichtert ein.

Der Prinz ließ nun einen wilden Affen fangen und sperrte diesen in den Korb. Dann stellte er die Leuchte wieder darauf und ließ den Korb weiterschwimmen.

Als die Verehrer des falschen Heiligen den Korb entdeckten, holten sie ihn aus dem Wasser und schleppten ihn zu der Hütte des Schwindlers. Dieser tat sehr wichtig. »Für die Zeremonie, die ich ausführen werde, ist es sehr wichtig, dass ich auf gar keinen Fall gestört werde. Geht deshalb, und egal, was ihr hört und egal, was auch passiert, nehmt keine Notiz davon.«

Die Verehrer gingen nun wieder nach Hause und ließen den Schwindler und den Korb in der Hütte zurück. Er verriegelte sorgfältig die Türe und begann den Deckel des Korbes zu öffnen. Dabei rief er aus: »Oh du Wunderschöne, jetzt gehörst du mir und keiner kann dich mir wieder nehmen!«

Aus dem Korb sprang jedoch der wilde Affe und begann den falschen Heiligen anzugreifen. Entsetzt schrie dieser um Hilfe, jedoch niemand achtete in der Nachbarschaft auf das Geschrei, da sie es für einen Teil des Rituals hielten.

Später zerbrach der Affe ein Fenster und verschwand. Zurück blieb ein zerrupfter und zerbissener Schwindler als Gespött der ganzen Gegend.

Die Sandhaufen

Ein geistiger Lehrer war mit seinen Schülern auf einer Pilgerreise. Als sie nach einem langen, schweren Marsch das Ufer eines Flusses erreichten, stand ihnen der Sinn nach einem Bad.

Da es aber sehr windig war und der Lehrer Angst hatte, seine Kleidung könne weggeweht werden, grub er eine kleine Grube in den Sand, rollte seine Kleidung zu einem Bündel und legte sie in die Grube. Er bedeckte sie mit Sand, und um die Stelle besser wiederfinden zu können, markierte er sie mit einem Sandhaufen. Dann begab er sich ins Wasser.

Seine Schüler hatten aber nicht genau beobachtet, was ihr Lehrer gemacht hatte, und sahen nur, wie er den Sandhaufen formte. Sie hielten es für ein Baderitual, und jeder formte auch einen Sandhaufen. Dann sprangen auch sie ins Wasser.

Da der Lehrer sehr viele Schüler hatte, fand er am Strand unzählige Sandhaufen, als er wieder aus dem Wasser kam, und er hatte große Mühe, seine Kleidung wiederzufinden.

****

Es ist also niemals klug und bringt oft Verdruss, wenn wir blind einem Beispiel folgen, ohne den wahren Sinn dahinter zu verstehen.

Zwei Frösche in Not

Einmal hüpften ein großer, dicker Frosch und ein lebhafter, kleiner Frosch gemeinsam ihres Weges dahin, als ihnen das Missgeschick passierte, dass sie in einen Eimer voll mit frischem Rahm fielen. Stundenlang schwammen sie darin umher in der Hoffnung, aus dem Eimer wieder hinauszugelangen. Doch seine Wände waren schlüpfrig und steil, sodass sie immer wieder abrutschten, ihre Lage fast hoffnungslos war und ihr Ende zu nahen schien.

Allmählich erlahmten die Kräfte des dicken Frosches, er wurde mutlos und er sah keine Aussicht mehr auf Rettung. Er jammerte verzweifelt: »Ich habe keine Kraft mehr, ich kann nicht mehr schwimmen! Warum soll ich noch um mein Leben kämpfen?«

»Nur Mut!«, quakte ihm der kleine Frosch zu. »Gib nicht auf!« Und so paddelten sie beide eine Zeit lang im Rahm weiter.

Nach einer gewissen Zeit aber gab der dicke Frosch keuchend seine Bemühungen auf mit der Überzeugung: »Ich schaffe es nicht mehr, es hat keinen Zweck mehr zu kämpfen, ich gebe auf, mein Bruder.« Er ging unter und starb.

Der kleine Frosch war nun ganz allein und er dachte sich: »Aufgeben bedeutet den Tod, darum will ich lieber weiterschwimmen. Einen Versuch ist es wert.« Jedoch nach einer weiteren Stunde drohten seine kleinen Beinchen zu verkrampfen und zu erstarren. Er glaubte, keine Minute mehr länger aushalten zu können. Aber dann musste er an seinen toten Gefährten denken. Er sagte sich: »Wenn ich meinen Kampf aufgebe, werde auch ich sterben. Darum will ich lieber weiterzappeln. Ich will nichts unversucht lassen, denn solange man lebt, besteht Hoffnung!«

Von neuer Entschlusskraft beseelt, kämpfte der kleine Frosch mit letzter Kraft weiter. Er schwamm weiter im Eimer umher, dabei schlug er kleine Wellen in den Rahm. Im allerletzten Augenblick – als schon alles zu Ende zu gehen schien und er völlig erschöpft war und dachte, jetzt müsse er untergehen – spürte er wieder Halt unter seinen Beinchen. Zu seinem großen Erstaunen bemerkte er, dass er auf einem Klumpen Butter saß, den er durch sein ununterbrochenes Paddeln geschlagen hatte.

Voller Freude und Erleichterung hüpfte da der mutige, kleine Frosch aus dem Eimer in die Freiheit!

****

Diese kleine Geschichte lehrt uns, dass es kraft eines starken Willens möglich ist, Ziele, die unerreichbar scheinen, zu erreichen. Wir sollen uns bei schwierigen Aufgaben und Hindernissen nicht so schnell entmutigen lassen. Es ist wichtig, dass wir unsere Willenskräfte nicht missbrauchen, um anderen zu schaden. Wir sollten sie nur für weise und erstrebenswerte Ziele einsetzen.

Das Blumenopfer

Einst lebten zwei Mönche in einem Tempel. Der eine liebte die Zeremonien, er war sehr gewissenhaft in der Ausführung der Gottesdienste und achtete peinlichst genau auf die Einhaltung aller Regeln und Vorschriften. So pflückte er jeden Tag frische Blumen und opferte mit Hingabe beim Gottesdienst eine Blume zu Füßen der Bildnisse des Herrn.

Der andere Mönch war lebenslustig, beschäftigte sich mit allen möglichen Dingen, mal in der Bibliothek, mal im Krankenhaus. Er hatte ein ruhiges, besinnliches Wesen und versank oft in Meditation und Gebet.

Als die Lebensspanne der beiden Mönche abgelaufen war und ihre Seelen ihre Körper verließen, um in die himmlischen Welten zurückzukehren, kamen ihnen zwei Luftschiffe entgegen, um sie abzuholen.

Der eine Mönch, der so peinlich genau alle Rituale ausgeführt hatte, wurde von einem himmlischen Begleiter begrüßt und in das eine Luftschiff geführt. Es regnete vereinzelte Blütenblätter auf ihn herab, als er sich auf den Weg machte.

Der andere Mönch wurde von vielen himmlischen Begleitern begrüßt, die alle seine Hingabe priesen, und es regnete Wolken von Rosenblüten, sodass er und sein Luftschiff bald ganz in die Rosen und den Duft eingehüllt waren.

Als sie beide ihr Ziel erreicht hatten und von den himmlischen Wesen begrüßt wurden, regte sich der Neid des ersten Mönches und er beschwerte sich: »Ich habe peinlichst genau alle Regeln der Verehrungsrituale eingehalten und habe bei jedem Gottesdienst den Herrn mit einer frischen Blüte verehrt. Nie sah ich meinen Bruder Blumen pflücken, um sie vor die Gottheit niederzulegen. Ich sah ihn dafür immer öfter beim Träumen. Und was musste ich jetzt erleben: Nur ein Begleiter holte mich ab, es regnete vereinzelte Blütenblätter und keine Lobeshymnen wurden mir gesungen.

Mein Bruder jedoch wurde von himmlischen Sängern begrüßt, es regnete herrlich duftende Rosen in Fülle und überall waren seine Lobpreisungen zu hören.«

Ein hohes himmlisches Wesen trat vor ihn und sprach: »Mein lieber Bruder, hier in den himmlischen Sphären ist Neid nicht angebracht. Aber da du noch von weltlichen Emotionen umgeben bist, will ich es dir erklären: Du hast zwar genau alle Regeln eingehalten und bei jedem Gottesdienst Gott mit einer Blume verehrt.

Dein Bruder jedoch hat immer das Wohl seiner Mitbrüder im Auge gehabt, er hat überall geholfen, wo es Hilfe bedurfte. Und in jeder freien Minute hat er Gott in Gedanken liebevoll verehrt, und Ihm dabei Millionen von Blumen in den schönsten Farben und mit herrlichstem Duft als Gaben gegeben. Deshalb hat er sich diesen bevorzugten Empfang verdient, den er bekommen hat.«

****

Diese Geschichte verdeutlicht, dass in den himmlischen Welten unsere geistigen und gedanklichen Verehrungen in Meditation und Gebet nicht weniger gewürdigt werden als die äußere Verehrung durch feierliche Rituale und Zeremonien. Es zählt dabei die spirituelle Ernsthaftigkeit und Hingabe, mit der sie verrichtet werden.

Zucker essen ist ungesund

Zu einem berühmten Heiligen Indiens kam einst eine Mutter mit ihrem kleinen Sohn. Sie war sehr betrübt und klagte dem Heiligen ihr Leid: »Mein kleiner Sohn leidet an der Zuckerkrankheit. Da er sich jedoch nicht beherrschen kann und immer wieder Süßigkeiten nascht, geht es ihm oft gesundheitlich sehr schlecht, was mir wiederum großes Leid verursacht, da ich ihn nicht bewegen kann, darauf zu verzichten. Verehrter Heiliger, ich flehe dich an, rede doch du meinem Sohn ins Gewissen. Auf dich wird er hoffentlich hören.«

Der Heilige überlegte kurz und sprach dann zu der Frau: »Verehrte Mutter, komme in einer Woche wieder, dann werde ich mit deinem Sohn reden.« Die Mutter machte sich enttäuscht mit ihrem Sohn auf den weiten Fußmarsch zurück in ihr Dorf.

Nach einer Woche kehrte sie dann wieder zurück zu dem Tempel, in dem der Heilige weilte, und bat ihn erneut, auf ihren Sohn einzuwirken, doch besser auf Süßigkeiten zu verzichten. Der Heilige nahm den Knaben mit sich in den Garten und redete lange und ernsthaft auf ihn ein, worauf der Knabe versprach, in Zukunft keine Süßigkeiten mehr zu naschen.

Glücklich bedankte sich die Mutter bei dem Heiligen, jedoch nicht ohne eine Frage an ihn zu richten: »Verehrter Heiliger, warum hast du nicht schon letzte Woche mit meinem Sohn gesprochen? Wir hätten uns den erneuten Weg hierher sparen können.«

Der Heilige lächelte und erwiderte: »Verehrte Mutter, vor einer Woche habe ich selbst noch mit Freude Süßigkeiten gegessen, und so hätte meine Rede keine Kraft gehabt, um deinen Sohn davon zu überzeugen, wie ungesund Süßigkeiten für ihn sind.«

Der Fährmann und der Gelehrte

Einst bat ein Gelehrter, der sehr stolz auf sein Wissen war, einen Fährmann, ihn über einen breiten Fluss überzusetzen.

Während der Überfahrt fragte der Gelehrte den Fährmann: »Guter Mann, beherrschst du die Mathematik, kannst du rechnen und kalkulieren? Bist du in der Lage, zu multiplizieren und zu dividieren? Kennst du die mathematischen Formeln zur Berechnung von geometrischen Figuren?« Als der Fährmann verneinte, erwiderte der Gelehrte: »Guter Mann, dann hast du 25 % deines Lebens nutzlos verbracht.«

Nach einer kleinen Weile begann der Gelehrte den Fährmann erneut zu fragen: »Guter Mann, hast du fremde Sprachen gelernt? Bist du in der Lage, dich mit fremden Menschen in ihrer Heimatsprache zu unterhalten? Bist du in der Lage, die Weisheitsbücher verschiedener Kulturen im Originaltext zu lesen?« Als der Fährmann erneut verneinte, schüttelte der Gelehrte den Kopf und sagte: »Dann hast du weitere 25 % deines Lebens sinnlos verbracht.«

Wieder eine Weile später begann der Gelehrte erneut: »Guter Mann, verstehst du etwas vom Verlauf der Gestirne, kannst du Horoskope erstellen und aus dem Lauf der Planeten das Schicksal lesen? Kannst du günstige und ungünstige Momente errechnen?« Auf die erneute Verneinung meinte der Gelehrte kopfschüttelnd: »Guter Mann, damit hast du noch einmal 25 % deines Lebens nutzlos vertan.«

Jetzt reizte es den Gelehrten, seinen letzten Triumph auszuspielen: »Guter Mann, hast du Geografie und Geologie studiert? Hast du dich mit fremden Ländern beschäftigt, mit ihren Völkern, ihren Kulturen? Hast du etwas gelernt über die Schönheit der Schöpfung?«

Als der Fährmann verneinte und der Gelehrte mit stolz geblähter Brust etwas erwidern wollte, sahen beide, wie sich plötzlich drohende, schwarze Gewitterwolken auftürmten. Im Nu waren sie von Dunkelheit umgeben, aus der in rascher Folge Blitze zuckten, und ein böiger Wind begann das Boot wie eine Nussschale hin und her zu werfen.

Da nun sprach der Fährmann: »Oh großer weiser Gelehrter, wir werden bei diesem bedrohlichen Unwetter kaum mit dem Boot zum anderen Ufer kommen. Ich hoffe, du hast in deinem Leben schwimmen gelernt, denn sonst hast du dein Leben zu 100 % verwirkt.«

Der Einsiedler und der Gelehrte

Einst lebte ein Einsiedler auf einer Insel mitten in einem See. Er hatte sich dort einen kleinen Tempel erbaut und einen Garten angelegt und lebte zufrieden von dem, was der Boden ihm schenkte. Während des Tages verehrte er Gott und rezitierte und sang voller Inbrunst die heiligen Namen Gottes.

Nun begab es sich, dass ein Gelehrter auf einer Reise am Ufer des Sees entlangging und den Gesang des Einsiedlers hörte. Er dachte bei sich: ›Dieser Mann singt zwar voller Hingabe, aber die Betonung und der Rhythmus seines Gesanges lassen sehr zu wünschen übrig. Ich werde ein gutes Werk tun und ihn unterweisen.‹ Er lieh sich von einem Fischer in der Nähe ein Boot und ruderte zu der Insel hinüber.

Dort trat er vor den Einsiedler und sprach: »Guter Mann, ich möchte dir helfen. Wenn du die heiligen Namen Gottes singst, so achte bitte darauf, dass die Betonung der Silben und der Rhythmus den Anweisungen der Schriften entsprechen. Die heiligen Namen Gottes sind in der Lage, dir alle mystischen Kräfte zu geben, wenn du alles richtig machst. Ich werde dich nun unterweisen.«

Er erklärte dem Einsiedler genau die Regeln für die Rezitation und das Singen der Mantren und übte mit ihm die richtige Betonung und den richtigen Rhythmus. Nach einer Weile war er zufrieden und erklärte dem Einsiedler, er solle nun weiter fleißig üben.

Voller Stolz, eine gute Tat getan zu haben, stieg er wieder in das Boot, um wieder zum Ufer des Sees zurückzukehren und seine Reise fortzusetzen. Nachdem er das Ufer fast erreicht hatte, hörte er ein Plätschern hinter sich und drehte sich erstaunt um.

Er sah, wie der Einsiedler über das Wasser lief und ihm hinterhereilte. Ganz außer Atem rief dieser: »Werter Meister, bitte halt an. Ich habe schon wieder den richtigen Rhythmus vergessen. Bitte unterweise mich noch einmal!«

Das Verständnis über Gott

In einem Tempel Indiens lebte einst ein Weiser mit seinen Schülern. Einer dieser Schüler trat demütig vor seinen Meister und sprach: »Verehrter Meister, eine Sache lässt mir keine Ruhe und mein Geist ist verwirrt. Wir studieren die heiligen Schriften und immer wieder tauchen verschiedene Namen der Götter auf. Einmal ist die Rede von Shiva, dem höchsten Herrn, dann wieder wird Sri Krishna oder Vishnu als der höchste Herr bezeichnet? Sind das alles verschiedene Götter oder ist es der Eine, der mit verschiedenen Namen verehrt wird? Bitte erkläre mir dies, damit mein Geist wieder friedlich werden kann.«

Der Weise sah seinen Schüler eine Weile nachdenklich an und sprach dann zu ihm: »Mein Schüler, du hast eine sehr gute und berechtigte Frage gestellt, über die schon viele Gelehrte diskutiert und spekuliert haben. Ich werde dir nun die Weisheit über Gott an einem Beispiel erklären:

Stell dir vor, in einer Familie gibt es eine Frau. Für den Ehemann ist sie seine geliebte Gemahlin. Er wird sie als solche bezeichnen und ihr einen Kosenamen geben. Auch wird er zu ihr eine Beziehung als Ehefrau haben.

Die Kinder werden sie als Mutter bezeichnen und eine ganz andere Beziehung zu ihr haben, nämlich als geliebte Mutter.

Der Händler am Marktplatz, bei dem sie einkaufen geht, wird zu ihr eine Beziehung als Kundin haben und sie dementsprechend ansprechen.

Der Bettler am Weg sieht sie als Quelle milder Gaben, wird also wieder eine eigene Beziehung und einen eigenen Namen für sie haben.

Falls sie einen Geliebten hat, so wird dieser zu ihr die geheimnisvolle Beziehung als Geliebte haben und ihr mit einem besonderen Namen schmeicheln.

Wenn sie bei jemandem beschäftigt ist, so wird der Chef zu ihr eine Beziehung als Angestellte pflegen und sie mit einem dementsprechenden Namen ansprechen.

Trotz aller verschiedenen Beziehungen und Namen bleibt die Frau jedoch immer dieselbe Person. Es gibt nur den Einen, aber Er tritt immer wieder in verschiedenen Aspekten auf, da wir Ihn in Seiner Ganzheit nie verstehen könnten.«

Vier Blinde und ein Elefant

Vier Blinde befanden sich in einem Raum mit einem Elefanten. Sie sollten nun den Elefanten betasten und ihn beschreiben.

Einer bekam die Ohren zu fassen, befühlte sie und sagte: »Der Elefant ist ein Fladenbrot.«

Einer befühlte ein Bein und sprach: »Der Elefant ist eine Säule.«

Ein weiterer befühlte den Rüssel und sagte: »Der Elefant ist ein Schlauch.«

Der Letzte endlich befühlte den Schwanz und sagte: »Der Elefant ist ein Staubwedel.«

****

Es gibt viele Beschreibungen über Gott und jede Lehre behauptet, nur die ihre sei die richtige, und dadurch gibt es viel Uneinigkeit. Diese kleine Geschichte macht deutlich, dass jeder Blinde mit seiner Beschreibung recht hat, aber jeder nur einen Teil des Elefanten beschrieben hat. Keiner war imstande, mit seinen beschränkten Sinnen den Elefanten als Ganzes zu erkennen.

Und so geht es auch uns mit unseren eingeschränkten menschlichen Sinnen, wenn wir Gott beschreiben wollen.

Erzählungen aus der christlichen Tradition

Bruder Johannes

An die Klosterpforte klopfte einst ein armer Wanderer und bat um Nachtlager und Speisung. Das Wetter war grausig, und so blieb er einige Tage bei den Mönchen. Da er von der heiteren und friedlichen Stimmung unter den Brüdern angetan war, bat er um Aufnahme in das Kloster. Er beschloss, sein Leben zu wandeln und ganz Gott zu widmen.

Er war ein einfacher und ungebildeter Mann, des Lesens und Schreibens unkundig und fühlte sich in den Studierstuben nicht wohl. Religiöse und philosophische Debatten lagen ihm nicht. So wurden ihm all die unbeliebten, niedersten und unangenehmsten Dienste in der Küche, bei den Toiletten und Ställen sowie im Garten zugewiesen, und er erledigte diese alle, ohne zu murren und ohne eine Widerrede – im Gegenteil, er war bei der Arbeit stets fröhlich und heiter. Die Mönche waren froh, die dreckigen oder anstrengenden Arbeiten los zu sein. So wurde der arme Wanderer als Bruder Johannes in den Kreis der Mönche aufgenommen und lebte glücklich bei ihnen.

Es vergingen einige Jahre und eines Tages, als die Mönche im Klostergarten in der Sonne lagen und wieder einmal eifrig religiöse und philosophische Themen diskutierten, während Bruder Johannes fleißig Unkraut jätete und die Kräuterbeete pflegte, kam eine Frau aus einem nahen Dorf mit ihrem kranken Kind zum Kloster.

Sie sah Bruder Johannes nahe der Klostermauer im Garten. Sie schilderte ihm ihr Leid und suchte bei ihm Rat. Nur Bruder Johannes schenkte der Frau Beachtung und hörte sich ihre Sorgen und Nöte an. Er gab ihr tröstende Worte und einige Heilkräuter für ihr Kind. So kehrte die Frau zuversichtlich und geistig gestärkt nach Hause zurück. Da das Kind daraufhin sehr schnell wieder gesund wurde und sich dies rasch herumsprach, kamen auch andere Bewohner aus den umliegenden Dörfern zu Bruder Johannes, um sich bei ihm Trost und Rat zu holen.

Er fand für alle immer die passenden, tröstenden Worte, gab ihnen gute Ratschläge und die richtigen heilenden Kräuter für ihre Krankheiten. Meist aber waren es seine liebevollen, verständigen Worte, die halfen und aufrichteten. Er nahm sich für jeden Menschen Zeit. Alle, die zu ihm kamen, wurden gesund, egal, an welchen Gebrechen sie litten. Niemand kehrte unverrichteter Dinge heim, viele Kranke wurden oft schon durch ein paar tröstende Worte von Bruder Johannes gesund. So eilte der Ruf seiner heilenden und tröstenden Kraft durch das ganze Land.

So konnte es mit der Zeit nicht ausbleiben, dass immer mehr Menschen zum Kloster kamen, nur um Bruder Johannes zu sehen. Dies blieb auch dem Abt nicht verborgen, er wunderte sich, dass bald niemand mehr zu ihm kam – dem Studierten und Gelehrten –, um sich geistigen und gesundheitlichen Rat zu holen. Und er wurde neidisch auf den ungebildeten Bruder Johannes. Da der Abt in der damaligen Zeit die höchste Autorität im Kloster war, sah er es als Verlust seiner Autorität an, dass die Menschen lieber zu dem niederen, in seinen Augen ungebildeten Bruder Johannes gingen. Er fragte sich: ›Was macht ihn so anziehend für die Kranken und woher hat er sein Wissen, den Menschen zu helfen?‹

So schickte er einen Mönch, um nach Bruder Johannes zu rufen. Dieser war gerade beim Ausmisten im Schweinestall und zögerte, so verschmutzt vor den Abt zu treten. Aber der Mönch drängte, und so fügte sich Bruder Johannes.

Als er so im Arbeitsgewand vor den Abt trat, fragte ihn dieser barsch: »Wie kommt es, dass du solch eine Anziehung auf die Menschen ausübst und woher kommt dein Wissen, seelische und körperliche Gebrechen zu heilen? Als wir dich im Kloster aufnahmen, warst du ungebildet, konntest nicht lesen und schreiben. Und soviel ich weiß, hast du dich hier bei uns auch nicht sonderlich in der Studierstube hervorgetan. Wie kommt es, dass niemand mehr nach mir verlangt und so viele Menschen ausgerechnet zu dir, mein Bruder, kommen, um sich von dir Rat zu holen, wo du doch weder die Religion noch Medizin studiert hast und hier der niederste der Brüder bist?«

Demütig erwiderte Bruder Johannes: »Als ich zu euch in das Kloster kam, übertrug man mir all die niederen Dienste, die keiner tun wollte. Ich betrachtete sie aber als Dienst zu Gott. Ich tue stets mein Bestes, Ihn zu erfreuen: Wenn ich die Gänge des Klosters fege, so reinige ich Sein Haus, wenn ich die Ställe ausmiste, so sehe ich das Haus Seiner Geschöpfe. Und wenn ich die Küche putze und Töpfe reinige, so putze ich Gottes Küche. – So tue ich alles, was ich tue, nur für Ihn. Dafür gibt Er mir inneren Frieden und Freude.

So in Seinen Dienst vertieft, sehe ich Gott überall, und so geschieht es, dass Er mir Menschen schickt und mir Worte gibt, diese zu trösten. Nur durch Ihn weiß ich, was den Menschen fehlt.

Er sagt mir, welche Kräuter helfen und ich bin Sein Werkzeug. Es ist nicht mein Verdienst, wenn ich helfen kann, es ist alles Gottes Werk.«

Tief berührt im Herzen und beschämt umarmte der Abt den Bruder Johannes. Seither kränkte es ihn auch nicht mehr, wenn die Menschen weither zu Bruder Johannes kamen und nicht zu ihm, dem Abt. Er war nie wieder neidisch auf ihn – im Gegenteil, er holte sich immer öfter Rat bei ihm.

Als er starb, wurde Bruder Johannes der neue Abt und lenkte weise die Geschicke des Klosters. Er änderte sich aber nie in seiner demütigen und bescheidenen Art.

Der Schutz Gottes

In einer Flussniederung gab es ein kleines Städtchen mit einer wunderschönen Kirche. Dort lebte der Priester dieser Gemeinde. Er war beseelt von tiefem Gottvertrauen, und er legte sein Leben und sein Schicksal vertrauensvoll in die Hände Gottes.

So begab es sich einmal im späten Frühling, dass in der Zeit der Schneeschmelze der Fluss rapide anzuschwellen begann. Bald stand das ganze Städtchen unter Wasser, und auch die Kirche war von den Fluten vollkommen eingeschlossen. Die Fischer des Ortes fuhren mit ihren Booten von Haus zu Haus, um die Einwohner aus dem überfluteten Städtchen zu evakuieren. Als sie zu dem Priester kamen, sprach dieser wohlgemut: »Meine Brüder, sorgt euch nicht um mich. Mir kann nichts passieren, ich stehe unter dem Schutz Gottes, und Er wird mich retten.«

Als es daraufhin noch anfing, wolkenbruchartig zu regnen, schwoll der Fluss immer stärker an und bald standen alle Häuser des Städtchens unter Wasser.

Nun kamen die Rettungsdienste mit ihren starken Booten, um die letzten Einwohner in Sicherheit zu bringen. Der Priester hatte sich auf das Dach der Kirche gerettet, lehnte aber immer noch jede Hilfe ab und sprach voller Zuversicht: »Meine Brüder, ihr braucht euch nicht um mich zu sorgen. Ich stehe unter dem Schutz Gottes. Er wird mich retten.«

Bald darauf waren alle Einwohner des Städtchens in Sicherheit, nur der Priester harrte alleine aus. Als jedoch die Fluten immer gewaltiger anstiegen, rettete er sich auf den Kirchturm. Zuallerletzt kam noch ein Rettungsboot des Militärs mit Helfern vorbei, und diese baten ihn eindringlich, mit ihnen in Sicherheit zu kommen. Der Priester aber rief: »Meine Brüder, ich bin voller Hoffnung, dass Gott mich retten wird. Seid beruhigt, mir kann nichts passieren!«

Als die Fluten weiter stiegen, geschah, was geschehen musste. Die Kirche und der Turm versanken in den Fluten, und der Priester musste elendig ertrinken.

Als er nun so vor seinen Herrn trat, sprach er tief enttäuscht zu Gott: »Oh Herr, ich hatte immer vollstes Vertrauen zu Dir. Ich war immer vom Herzen überzeugt, dass Du mich beschützen wirst und mir unter Deinem Schutz nichts geschehen könne. Doch nun hast Du mich hilflos ertrinken lassen. Warum musste dies geschehen, warum hast Du mich alleingelassen?«

Gott aber sprach zu dem Priester: »Mein Sohn, Ich habe dich nie im Stich gelassen. Du warst immer unter Meinem Schutz. Ich habe dir immerhin die Fischer, die Rettungswacht und als Letztes noch das Rettungsboot des Militärs geschickt. Warum bist du nicht eingestiegen?«

****

Wir stehen immer unter dem Schutz Gottes, Er aber möchte, dass wir unseren Teil dazu beitragen und Seine Zeichen erkennen. Nicht umsonst sagt man: »Hilf dir selbst, so hilft dir Gott.«

Die Legende vom heiligen Christophorus

In Kleinasien, in dem Gebiet der heutigen Türkei, lebte einst ein mächtiger Riese mit dem Namen Offerus. Er besaß gewaltige Kräfte, aber ein einfaches Gemüt. Deshalb wollte er nicht herrschen, sondern fühlte sich zum Dienen berufen.

Da er sehr stolz auf seine Stärke war, wollte er nur dem mächtigsten Herrscher dienen. So ging er zum König seines Landes, trat in dessen Armee ein und diente dem König treulich als Feldherr.

Er merkte aber sehr bald, dass der König Angst vor dem Bösen hatte, und jedes Mal vor Furcht erzitterte, wenn vom Teufel die Rede war. So verließ er den König, um dem mächtigeren Teufel seine Dienste anzubieten. Er begegnete dem Teufel mit seinem Heer der Dämonen und bot ihm an, in seine Dienste zu treten. Dieser war froh über diese mächtige Seele und nahm Offerus in seine Dienste.

Bald musste Offerus jedoch feststellen, dass der Teufel jedes Mal auf seinem Weg einen Umweg machte, wenn sie in die Nähe eines Kreuzes kamen, um dieses in einem weiten Bogen zu umgehen.

Offerus erkannte, dass der Teufel Angst vor etwas Höherem, noch Mächtigerem hatte. Enttäuscht verließ er den Dienst des Teufels und suchte nach diesem höheren, mächtigeren Wesen, um ihm zu dienen.

So kam er an einen Fluss, an dem ein frommer Einsiedler lebte. Diesen fragte er, wo er dieses höhere, mächtigere Wesen finden könne, vor dem selbst der Teufel Angst hat. Der Einsiedler sprach: »Du suchst nach Christus, dem Mächtigen. Diene den Menschen, und so wirst du Ihn finden.« Offerus nahm diesen Ratschlag an, blieb bei der Einsiedelei und begann nun alle Menschen, die zum Fluss kamen, durch die Fluten zum anderen Ufer zu tragen. Das tat er viele Jahre lang.

Er ging ganz in diesem Dienst auf und sein Herz wurde ruhig und friedlich. Eines Tages begab es sich, dass ein kleiner Knabe zu dem Fluss kam und Offerus bat, ihn hinüberzutragen. Offerus nahm bereitwillig den Knaben und setzte ihn auf seine breiten, starken Schultern.

Nun begann er, den Fluss zu durchqueren. Er schritt, gestützt auf seinen großen Stab, durch die Wellen. Auf seinem Weg hatte er das Gefühl, dass das Kind immer schwerer würde. Und als er die Mitte des Flusses erreicht hatte, war es ihm trotz seiner überaus starken Kraft fast nicht mehr möglich, das Kind zu tragen.

Er war kurz vor dem Zusammenbrechen und er hatte Angst, zu ertrinken. In seiner Not fragte er den Knaben: »Wer bist du? Du hast die Gestalt eines Kindes, aber es scheint mir, als trüge ich die Last der ganzen Welt auf meinen Schultern.«

Der Knabe antwortete ihm: »Ich bin Christus, der Retter der Welt, nach dem du gesucht hast, um Ihm zu dienen.« Am anderen Ufer angekommen, taufte Er ihn und sagte: »Von nun an sollst du nicht mehr Offerus, sondern ›Christophorus‹ heißen, was ›Christusträger‹ bedeutet.«

****

Wenn wir Gott aufrichtig dienen wollen, so müssen wir den Menschen dienen. Schon Jesus Christus sagte: »Was ihr getan habt dem geringsten Meiner Brüder, das habt ihr Mir getan.«

Die Legende von Luzifer

Luzifer war einst ein Erzengel, und wie schon sein Name sagt, der Lichtträger. Er brachte das himmlische Licht der Erkenntnis auf die Erde, denn Gott hatte ihm gestattet, dass er Ihm bei der Erschaffung vollkommener Menschen und Dinge – Ebenbilder seiner Selbst – zur Hand ginge. Luzifer, der oberste aller Engel, vollbrachte dieses Werk mit großer Freude.

Als er danach die ersten Menschen betrachtete – in wunderschöne Gestalten gekleidete Seelen, die sich des Gartens Eden erfreuten und dennoch wieder zu Gott zurückstrebten –, regte sich Unwillen in ihm. Er trat vor Gottes Angesicht und sprach: »Herr, wozu haben wir diese herrliche Welt geschaffen, wenn sich die neu erschaffenen Menschen ihrer gar nicht erfreuen, sondern sich nur nach Deinem Licht und nach Dir sehnen? Sie wissen die Wunder Deiner Schöpfung nicht zu würdigen. Erlaube mir, sie länger hier festzuhalten.«

»Das wird dir nicht gelingen«, sprach der Herr, »denn sie leben nur von Meinem Licht.«

»So will ich die Dunkelheit erschaffen«, erwiderte Luzifer, »damit diese Dein Licht verdeckt. Dann werden die Menschen auf Erden bleiben und endlich Deine Schöpfung genießen.«

»Ohne Mein Licht können sie nicht sehen und genießen«, wandte Gott ein.

»So will ich Sorge dafür tragen, dass sich Licht und Dunkelheit abwechseln«, sagte Luzifer. »Es soll ihnen genug von Deinem Licht bleiben, dass sie sich der erschaffenen Dinge freuen können. Dann kann ich teilhaben an Deinen Geschöpfen, die ich erschaffen half.«

»Sie werden leiden, wenn du sie von Mir trennst«, warnte Gott Seinen obersten Engel.

»Gewiss nicht«, beteuerte dieser, »lass mich gewähren und sie von der Frucht der Erkenntnis kosten lassen. Danach sollen sie selbst zwischen Deinem und meinem Reich wählen.«

»Nun gut, du magst sie in Versuchung führen und dein Spiel mit ihnen treiben«, gewährte ihm der Herr, fügte jedoch zuversichtlich hinzu: »Da sie aber alle Mir zum Bilde geschaffen und Licht von Meinem Lichte sind, werden sie dereinst aller irdischen Schönheit müde werden und nur noch nach Mir verlangen. Ich überlasse sie dir für einige Zeit, falls sie dies wählen sollten. Jedoch können sie jederzeit zu Mir zurückkehren, diese Freiheit lasse Ich ihnen.«

So also wurde der Pakt zwischen ihnen besiegelt, und Luzifer begann im Gegensatz zu all dem Leuchtenden, was Gott geschaffen hatte, dunkle Schatten zu erzeugen. Ferner bediente er sich des listigsten Tieres – der Schlange der Sinnenlust –, um die Menschen zu Sklaven der Vergänglichkeit zu machen. Er schuf auch die Gier nach Geld, Macht und Alkohol, die sie an die Erde binden.

Seither leben die Menschen zwischen zwei Welten – zwischen Leben und Tod, Freude und Leid, Licht und Dunkelheit.

Gott erschuf die Liebe, die ewig vollkommen ist. Doch Luzifer erschuf ihre jüngere Schwester, die Lust. Beide ähneln sich im Äußeren so sehr, dass man sie leicht verwechseln kann. Solange die Schwestern in Eintracht miteinander leben und die ältere die jüngere leitet, bewahrt diese ihre Tugend. Doch wenn sich die Lust, die Unerfahrene der beiden, von der älteren Schwester lossagt und ihre eigenen Wege geht, so wird sie zur Sünde.

Die Menschen dürfen dann zu Gott zurück, wenn sie Gott mehr lieben als die Welt. Doch macht Luzifer es ihnen nicht leicht. Weder ein Leben im Kloster noch das Befolgen aller göttlichen Gebote kann eine Rückkehr zu Gott bewirken, sondern nur die Liebe zu Ihm.

Jesus und die kleine Katze

Während Seiner Predigten, als Meister Jesus in Galiläa weilte, saß Er unter einem Baum. Er weilte dort einige Tage. Viele Menschen kamen zu Ihm und Er lehrte sie alle. Die Frauen – unter ihnen befand sich auch Maria Magdalena – brachten Ihm Gaben.

Und die Vögel sammelten sich um Ihn und begrüßten Ihn mit ihrem Gesang, und andere Geschöpfe krochen Ihm zu Füßen und fraßen aus Seiner Hand.

Und als Er fortzog, segnete Er die Menschen und auch den Feigenbaum, der Ihm Schatten und Früchte gespendet hatte all die Tage. Und dieser gedieh ganz vortrefflich, seine Äste breiteten sich aus. Er wurde schöner und mächtiger als die Bäume im weiten Umkreis, und er trug die zahlreichsten köstlichen Früchte von allen.

Meister Jesus kam in ein Dorf und sah dort eine kleine Katze, die herrenlos war. Sie litt Hunger und schrie. Er nahm sie in Seine Arme und hüllte sie in Sein Gewand und ließ sie an Seiner Brust ruhen.

Als Er weiter in das Dorf hineingekommen war, gab Er der Katze Nahrung und Trank. Und sie aß und trank und zeigte Ihm ihre Dankbarkeit. Er gab das Kätzchen einer Seiner Jüngerinnen, welche eine Witwe war mit Namen Lorenza, und sie nahm es in Pflege.

Einige Leute aus dem Volk beobachteten dies argwöhnisch und sprachen: »Dieser Mann sorget für alle Tiere. Sind sie seine Brüder und Schwestern, dass er sie so liebt?«

Und Er sprach zu ihnen: »Wahrlich, diese sind eure Mitbrüder aus dem großen Haushalte Gottes, eure Brüder und Schwestern, welche denselben Atem des Lebens von dem Ewigen, von Gott haben.

Und wer immer für die kleinsten, geringsten von ihnen sorgt und ihnen Speise und Trank gibt in ihrer Not, der tuet dieses Mir.

Und wer es duldet, dass sie Hunger leiden, und sie nicht schützet, wenn sie misshandelt werden, erleidet dieses Übel, als ob er es Mir zugefügt hätte. Denn ebenso, wie ihr in diesem Leben getan habt, so wird euch im kommenden Leben getan werden.«

Er sagte noch, dass Er diese Geschöpfe genauso sehr liebe wie die Menschen, weil jedes Tier ebenso wie der Mensch eine verkörperte Seele ist. Die Tiere haben nur nicht den freien Willen wie der Mensch.

Die Tiere sind empfindungsfähig, sie fühlen Freuden und Schmerzen, sie dienen den Menschen ohne Berechnung und sind anhänglich und treu. Wir Menschen haben die Aufgabe, gut für sie zu sorgen.

****

Diese Geschichte stammt aus einem Ur-Evangelium aus dem Kapitel »Die Liebe Jesu für alle Geschöpfe«. Dieses Evangelium ist noch in der ursprünglichen Fassung erhalten. Es wurde aus dem aramäischen Urtext ins Englische und Deutsche übersetzt. In der herkömmlichen Bibel finden wir diese Stelle nicht.

Die Göttliche Mutter

Die Göttliche Mutter wird in Indien als eine Ausdrucksform Gottes angesehen und in Ihren verschiedenen Aspekten verehrt. Sie ist die weibliche Kraft Gottes – Shakti. Durga, Parvati, Sarvati und andere Namen bezeichnen Ihr vielseitiges Wirken in der Schöpfung. Mutter Kali wird zum Beispiel als die »ewige Mutter Natur« und zugleich als die alles verschlingende Zeit betrachtet. Ihr ist auch ein Tempel in Dakshineswar geweiht.

Aber nicht nur in Indien werden Gebete an die Göttliche Mutter erhört. Es gibt viele Gnadenstätten und Pilgerorte auf der ganzen Welt, auch in Österreich. Überall dort, wo Mutter Maria früher erschienen ist und wo Sie die Bitten der Gläubigen um Hilfe erfüllt hat, sind Ihr zu Ehren Kapellen oder Kirchen errichtet worden. In diesen kann man oft Zeichen der Dankbarkeit sehen, wie aufgehängte Votivbilder und alte Krücken, die für wundersame Heilungen und Rettung aus höchster Not stehen.

Zur Göttlichen Mutter fühlen sich viele hingezogen, sie suchen bei Ihr Schutz, bitten um Heilung und Hilfe, sie nehmen bei Ihr Zuflucht in der Not.

So geschah es auch vor nahezu 40 Jahren, als eine ältere Frau namens Martha in Begleitung ihrer Tochter Edith und ihrer Schwiegertochter Monika mit einer Pilgergruppe nach San Damiano, einem kleinen Ort in Italien reiste. Dort war Mutter Maria einer Seherin – die Mamma Rosa genannt wurde und eine einfache Bauersfrau war – oftmals in ihrem Garten unter einem Baum erschienen und hat ihr regelmäßig Botschaften überbracht.

Die Pilger stellten sich auf den Platz im Freien vor dem Bauernhaus und dem kleinen, eingezäunten Garten, wo sie auf Mutter Maria warteten. Der Platz hatte einen harten, steinigen Boden. Als es hieß, alle sollen niederknien, Mutter Maria sei jetzt da, glaubte Martha, dass dies wohl recht schwierig und schmerzhaft werden würde bei ihren alten Knien. Aber sie dachte sich voller Vertrauen: ›Mutter Maria wird mir schon helfen.‹ Ihre Bitte wurde sofort erhört.

Zu ihrer Überraschung spürten weder sie noch ihre beiden Begleiterinnen die harten Steine beim Knien. Es war, als wenn sie sich auf einem weichen Kissen niedergelassen hätten, ganz ohne Schmerzen. Das hielt während der ganzen Zeit an. Heilige Stille und Friede verbreiteten sich auf dem ganzen Gelände, alle spürten die göttliche Präsenz.

Die ältere Frau nahm ganz überrascht auch das »Sonnenwunder«, die Veränderung der Farbe und Größe der Sonne für eine gewisse Zeit wahr – so wie es Fatima in Portugal 1917 anlässlich der damaligen Erscheinungen von Mutter Maria geschehen ist.

Als Martha wieder zu Hause war, erzählte sie das Erlebte voller Freude und Dankbarkeit ihren beiden erwachsenen Söhnen, dass sie die ganze Zeit ganz weich, ohne Schmerzen wie auf einem Polster gekniet habe und von ihrer Sonnenwahrnehmung, wie diese sich wunderbar in Farbe und Größe verändert habe. Auch habe die Göttliche Mutter ihre Bitte erhört. Aber die Söhne nahmen sie nicht ernst, lachten sie aus und sagten skeptisch, das alles habe sie sich nur eingebildet. Sie schenkten auch Edith und Monika keinen Glauben.

Daraufhin war sie ganz verunsichert, zog sich auf einen stillen Platz zurück und fragte Mutter Maria in Gedanken: ›Stimmt das alles, was ich erlebt habe, ist es wahr oder habe ich mich nur getäuscht?‹ Sogleich nahm sie einen ganz intensiven, feinen, unvergleichlichen Duft wahr. Das war eine sehr beredte Antwort! Da war sie in ihrem Herzen wieder getröstet.

Es ist ja bekannt, dass ganz hohe Wesenheiten einen wunderbaren Duft ausstrahlen und oft auf diese Weise wahrgenommen werden können.

Erzählungen aus den Veden

In den früheren Zeiten der vedischen Kultur pflegten sich die alten weisen Männer in den Wald zurückzuziehen, nachdem sie alle ihre familiären, geschäftlichen und gesellschaftlichen Verpflichtungen auf ihren ältesten Nachfahren übertragen hatten. In Waldeinsiedeleien bereiteten sie sich durch Meditation und Studium der heiligen Texte auf ihre nächste Geburt vor.

In diesen Waldeinsiedeleien trafen sich aber auch die Bewohner der Wälder und die Pilger, um den wunderbaren Erzählungen aus den vedischen Schriften zu lauschen, die so einfach und doch eindrucksvoll die wichtigsten Punkte des Lebens beleuchten können.

Auch wir wollen uns nun gedanklich in den Kreis der Weisen begeben, und uns von ihren Erzählungen inspirieren lassen.

Wie die Veden auf die Erde kamen

Als der Heilige Vyasa Dev im Himalaja die Veden in der Meditation empfangen hatte, teilte er sie in vier Teile auf und unterwies seine vier wichtigsten Schüler in diesem Wissen.

Als er merkte, dass das einfache Volk nicht in der Lage war, die blumige Ausdrucksweise und komplizierte Sprache der Veden zu verstehen, begann er das heilige, vedische Wissen in Form von Erzählungen, den Puranas, zusammenzufassen.

Als er dann erkennen musste, dass die Menschen auf der Erde nicht in der Lage waren, das Wissen der Veden durch Hören aufzunehmen und sich zu merken, beschloss er, sie in schriftlicher Form niederzulegen. Er schaute sich lange in der himmlischen Welt nach einem geeigneten Schreiber um und entschloss sich dann, Ganesha zu bitten, die Veden für ihn niederzuschreiben.

Ganesha willigte in die Bitte des großen Heiligen ein, sagte aber hochmütig: »Ich werde für dich dieses Wissen niederschreiben. Du musst aber so gut diktieren, dass Meine Feder nicht stoppen darf. Sobald Ich nichts mehr zu schreiben habe, werde Ich wieder in die himmlischen Planeten zurückgehen.«

Vyasa Dev überlegte kurz und sprach dann zu Ganesha: »Ich bin mit Deiner Bedingung einverstanden, aber nur unter dem Vorbehalt, dass Du meine Worte erst niederschreibst, wenn Du sie auch verstanden hast.« Und so baute Vyasa Dev an manchen Stellen sehr komplizierte Verse ein, sodass Ganesha immer wieder beim Nachdenken verweilen musste, und so Vyasa Dev Zeit gewann, sich den weiteren Text zurechtzulegen.

Seit dieser Zeit liegen der Menschheit die Veden und die daraus abgeleiteten Erzählungen, die Puranas, in schriftlicher Form vor.

Die Geschichte von Ganesha

Ganesha wird in Indien besonders verehrt als der Halbgott, der den Menschen hilft, Hindernisse auf ihrem spirituellen Weg zu überwinden. Ganesha wird besonders in Zentralindien, in Maharashtra, sehr verehrt. Fast in jeder Familie befindet sich ein Hausaltar von Ihm, es finden auch ganz besondere Feste zu Seinen Ehren statt.

Er ist der Schreiber der Götter und der Schutzpatron aller Schriftsteller. Ganesha ist der älteste Sohn Shivas und Seiner Gemahlin Parvati. Sein Bild befindet sich auch auf der Titelseite dieses Buches. Sie werden sich fragen, warum trägt Ganesha einen Elefantenkopf? Dazu folgende Geschichte:

Als Shiva einst mit seinem Gefolge auf Jagd war, wollte Parvati in Ihrem Palast ein Bad nehmen. Um ungestört zu sein, nahm Sie Sandelholzpaste, etwas Schlamm und Gangeswasser, formte daraus einen wunderschönen Jüngling und hauchte Ihm Leben ein. Sie sprach zu Ihm: »Du sollst Mein Beschützer sein und verhindern, dass Mich jemand beim Bad stört. Halte also Wache und lasse niemanden die Baderäume betreten.«

Der Jüngling bezog also Position vor der Türe zu den Baderäumen Ihres Palastes. Als nach einiger Zeit Shiva von der Jagd zurückkam, wollte Er unverzüglich zu Parvati, aber der Jüngling verwehrte Ihm den Zutritt zu Parvati. Er sprach: »Meine Herrin Parvati gebot mir, niemandem Einlass zu gewähren, und deshalb kann Ich Dich nicht hineinlassen.«

Sofort schwoll Shivas Zorn und Eifersucht an und Er forderte den Jüngling zum Kampf heraus. Sie kämpften eine lange Weile total erbittert miteinander, bis letztendlich Shiva mit seinem Dreizack den Kopf des Jünglings von seinem Rumpf trennte.

Durch den Lärm in Ihrem Bad gestört, kam Parvati, um zu sehen, was los sei. Entsetzt sah Sie den total zerzausten und abgekämpften Shiva und den toten Jüngling. Wütend rief Parvati: »Du

Unhold, wie konntest Du Meinen Sohn töten! Er hat nur versucht, Mich zu beschützen, um zu verhindern, dass Mich jemand beim Bad stört.«

Zerknirscht entschuldigte sich Shiva, der Seine Gemahlin über alles liebte, und sprach: »Ich werde Deinen Sohn wieder zum Leben erwecken. Nur leider hat Mein Dreizack seinen Kopf zerstört. Ich werde einen Meiner Gesellen aussenden, dass er Mir den Kopf des Lebewesens bringt, dem er zuerst begegnet.«

Der Geselle lief nach Norden, und das erste Lebewesen, dem er begegnete, war ein Elefant. Shiva nahm den Elefantenkopf und setzte diesen dem toten Jüngling auf, und erweckte Ihn wieder zum Leben. Er gab Ihm den Namen »Ganesha«.

Um Seine Gemahlin zu besänftigen, machte Shiva Ganesha zum Führer Seines Gefolges, den Ganas. Daraus leitete sich auch der Name »Ganesha« oder »Ganapati« ab.

Er segnete Ganesha mit Weisheit, List und einem langen Leben. Diese Segnungen befähigen Ganesha, alle Hindernisse auf unserem Weg zu beseitigen, wenn wir Ihn darum bitten. Am meisten freut es Ihn, wenn Er uns auf unserem spirituellen Weg helfen kann.

Die Schüler und das Universum

Als Ganesha und Sein Bruder Kartikeya Ihre Ausbildung abgeschlossen hatten, stellte Ihnen Ihr Vater Shiva eine Aufgabe. Er sprach: »Umkreist das Universum, und wer am schnellsten wieder hier bei Mir ist, soll der Beste von Euch beiden sein.«

Kartikeya raste mit der Geschwindigkeit der Gedanken davon und machte sich auf den Weg, das Universum zu umrunden.

Ganesha jedoch trat zu Shiva, der mit Seiner Gemahlin Parvati auf das Ergebnis der Aufgabe wartete, und umrundete beide dreimal. Dann setzte Er sich ganz zufrieden unter einen Baum.

Shiva blickte erstaunt und fragend auf Parvati, aber diese wusste auch keine Antwort. So sprach Er zu Ganesha: »Mein Sohn, Ihr beide solltet doch das Universum umkreisen und Kartikeya hat schon einen riesigen Vorsprung, und Du sitzt hier seelenruhig unter einem Baum. So wirst Du nicht gewinnen können.«

Ganesha grinste aber schlau und entgegnete: »Ich habe doch schon gewonnen. Ihr Meine Eltern und Meine Lehrer, Ihr seid für Mich das Universum und das Zentrum der Schöpfung. Deshalb habe Ich Euch sogar dreimal umkreist. Ich denke, Ich habe damit die Aufgabe erfüllt.«

Shiva blieb nichts anderes übrig, als Ganesha zum Besten seiner Söhne zu erklären.

Das lebendige Murti

In Indien werden in den Tempeln und auf den Hausaltären Murtis, Figuren von Gottheiten, verehrt. Man versteht, dass Gott im Murti als Gast im Haus oder im Tempel weilt, um uns Gelegenheit zu geben, unsere Hingabe Ihm direkt zu schenken und unsere Liebe zu Ihm täglich zu entwickeln.

Nun geschah es, dass ein Familienvater zu seinem Guru kam und ihn bat, ihm ein Murti zur Verehrung zu geben. Er verhoffte sich davon Glück und Wohlstand für sich und seine Familie. Auch sollte die Verehrung des Murti sein spirituelles Leben vertiefen.

Der Guru gab ihm ein Murti von Sri Krishna, erklärte ihm den Vorgang der Verehrung des Murti und wies ihn in das Mantra ein. Der Familienvater ging glücklich nach Hause und stellte das Murti auf seinen Hausaltar. Er begann das Murti täglich zu verehren, ihm seine Speisen zu opfern und brachte Gebete dar.

Als sich jedoch bei ihm nach einem halben Jahr nichts geändert hatte, ging er enttäuscht zu seinem Guru zurück. Er bat um ein neues Murti, da Sri Krishna und Seine Verehrung ihm kein Glück und keinen Wohlstand gebracht und auch sein spirituelles Leben keine Vertiefung erfahren hatte.

Der Guru gab ihm nun ein Murti von Shiva und unterwies ihn in der Verehrung. Zu Hause stellte der Familienvater das Murti von Sri Krishna auf eine Ablage oberhalb des Altars und das Murti von Shiva auf den Altar. Dann er begann er die tägliche Verehrung.

Eines Tages sah er, wie der Weihrauch von der Verehrung Shivas vom Altar emporstieg und zu dem Murti von Sri Krishna zog. Empört holte er Sri Krishnas Murti von der Ablage und schimpfte: »Monatelang habe ich Dich mit allem verehrt. Du hast Dich mir nicht gezeigt. Glück und Wohlstand kamen nicht in mein Haus. Jetzt sollst Du auch nichts von der Verehrung Shivas haben.« Er verklebte die Nase Sri Krishnas mit Wachs und ging wieder zur Verehrung Shivas über.

Plötzlich war der Raum hell erleuchtet und Sri Krishna stand mit Seiner herrlichen spirituellen Gestalt vor ihm. Der Familienvater fiel vor ihm auf die Knie und weinte Tränen der Freude. Er brachte Sri Krishna Gebete dar und sein Herz füllte sich mit göttlicher Liebe.

Er sprach: »Oh Krishna, ich habe Dich monatelang verehrt, aber es hat sich keine Liebe eingestellt. Und nun bist Du persönlich hier. Was habe ich falsch gemacht? Sage es mir bitte, oh Herr!«

Sri Krishna lächelte und sprach: »Als du anfangs Mein Murti verehrtest, hast du nur Meine Figur aus Metall gesehen. Als du aber eifersüchtig verhindern wolltest, dass Mich der Weihrauch von Shivas Verehrung erreichte, hast du Meine lebendige Präsenz wahrgenommen. Und deine Gefühle für Mich haben sich entwickelt.

Wenn du im Murti Meine lebendige Präsenz wahrnehmen kannst, vertieft sich deine Verehrung und du wirst Liebe zu Mir entwickeln. Dann kann Ich mich dir offenbaren und werde deinen Dienst und deine Hingabe direkt annehmen. Dadurch treten wir in eine ewige, spirituelle Verbindung.«

Tief ergriffen und dankbar begann der Familienvater erneut die Verehrung Sri Krishnas. Und seine spirituellen Bemühungen waren bald von Erfolg gekrönt, als er begann, die Gegenwart Sri Krishnas überall wahrzunehmen.

Eine Handvoll Reis

Sudama war ein gelehrter Brahmane und in allen Teilen der Veden, den heiligen Schriften Indiens, wohlbewandert. Er hatte alles Wissen in rechter Weise von seinem Meister, dem Weisen Sandipani erhalten.

Sri Krishna und Sudama waren zur selben Zeit Schüler in dem Ashram, der Schule des großen Weisen Sandipani gewesen. Nach dem Ende ihrer Ausbildung trennten sich ihre Wege. Sri Krishna wurde König von Mathura und später von Dwaraka.

Sudama kehrte zurück in sein Dorf, heiratete und lebte das Leben eines Familienvaters. Sudama hatte kein Verlangen nach materiellem Reichtum, und so lebte er ein einfaches, karges Leben. Aber er war zufrieden. Er hatte einen genügsamen, dem Sinnesgenuss abgewandten Geist. Sudamas Frau war die ideale Partnerin für ihn. Sie verehrte ihren Mann als ihren Gott und erfüllte ihm jeden Wunsch. Auch beklagte sie sich nie über die Armut, in der sie lebten.

Die Jahre, die vergingen, brachten Freude und Leid und viele Kinder. Es war schwer, sie immer alle satt zu bekommen. Die Liebe von Sudamas Frau zu ihren Kindern wurde so allmählich stärker als die Verehrung zu ihrem Mann. So sprach sie zu Sudama: »Mein Herr, erinnere dich an jene Tage in Sandipanis Einsiedelei und deine Schulzeit mit Krishna. Er war dein bester Freund, und es wird gesagt, Er – der Herr der Glücksgöttin Lakshmi – sei der einzige Schutz Seiner Freunde und Anhänger. Alle guten und rechtschaffenen Menschen suchen Seinen Schutz.

So ist es nichts Verwerfliches, wenn du zu Ihm gehst. Er möge uns helfen und uns mit allem Nötigen versorgen, das wir brauchen, um unsere Familie zu erhalten. Er gibt alles Seinen bittenden Anhängern, ja, Er gibt sogar Sich Selbst an die, die sich Ihm ergeben haben.

So wird es für Ihn ein Leichtes sein, ein wenig Seines Reichtums für uns zu geben. Gehe zu Ihm. Ich bitte dich im Namen der Kinder.«

Sudama war froh, als ihn seine Frau an Sri Krishna erinnerte, seinen alten Freund. Aber er sah es in einem anderen Licht. Er sah Sri Krishna nicht als einen Brunnen des Reichtums. Er war durch reine Hingabe mit Sri Krishna verbunden, und er fühlte sich nicht imstande, materielle Dinge von Sri Krishna zu erbitten.

Aber die Bitte seiner Frau gab ihm die Gelegenheit, nach Dwaraka zu gehen und Sri Krishna und vielleicht auch Seinen Bruder Balaram persönlich zu sehen. Dies war für Sudama die höchste Segnung, die er sich vorstellen konnte.

Er fragte seine Frau: »Haben wir irgendetwas im Haus, das ich Sri Krishna als Gabe bringen kann? Wenn ja, so gib mir bitte etwas davon.« Seine Frau ging heimlich zur Nachbarin und lieh sich einige Handvoll gekochten Reis, band sie in ein sauberes Tuch und gab es ihrem Mann mit auf den Weg.

Während des ganzen Weges nach der Königsstadt Dwaraka waren Sudamas Gedanken bei Sri Krishna. Würde Er sich noch an ihn erinnern? Würde Er Zeit für ihn haben? Sri Krishna war schließlich König und viel mit Regierungsgeschäften belastet. Beim Laufen sprang Sudama von einem Bein auf das andere und tanzte vor Freude.

In Dwaraka saß Sri Krishna mit Seiner geliebten Frau Rukmini in Seinem Palast. Er sah Sudama schon von Weitem kommen. Er umarmte ihn herzlich, nachdem Er ihm eilig entgegengelaufen war. Tränen der Wiedersehensfreude rannen Sri Krishna über die Wangen.

Zum großen Erstaunen der Höflinge und Rukminis führte Sri Krishna Sudama in Seine Ruhegemächer. Er gab ihm einen guten Sitzplatz, bat Rukmini um Wasser, wusch Sudama die Füße und besprengte dann damit Rukminis Körper und Sein Haupt.

Er gab Sudama dann eine herzliche Bewirtung wie einem hohen Würdenträger und verehrte ihn mit Sandelpaste und Safran, schwenkte brennendes Räucherwerk und bedeckte ihn mit Blumen. Rukmini schwenkte auf Sri Krishnas Wunsch einen kostbaren Wedel, um ihren Gast zu erfrischen.

Die anderen Frauen Sri Krishnas wunderten sich und sprachen: »Schaut das Glück dieses Gastes, ärmlich gekleidet und staubig. Doch der Herr umarmt ihn wie sonst nur Seinen Bruder Balaram. Welche Entsagungen und Bußen muss dieser Mann auf sich genommen haben, dass Rukmini, die die Glücksgöttin persönlich ist, ihm so zu Diensten ist?«

Dann unterhielten sich Sri Krishna und Sudama über ihre Schulzeit und nach einer Weile befragte Sri Krishna Sudama über sein Leben.

Sri Krishna sprach: »Nachdem wir unsere Schulzeit beendet hatten und unsere Gurudakshina, die Dankesgabe unserem Meister zu Füßen gelegt hatten, hast du geheiratet und lebst nun ein Leben als Familienvater. Du siehst nicht aus, als würdest du Reichtümern nachjagen. Doch hat deine Frau dir sicher etwas für Mich mitgegeben. Sei unbesorgt, auch wenn es nur eine Kleinigkeit ist. Für Mich zählt nicht der Wert, sondern nur die Hingabe. Ich sehe nicht die Dinge, Ich sehe die Liebe des Herzens, mit der gegeben wird. Und diese erfüllt Mich mit endloser Freude.«

Sudama schämte sich, Sri Krishna, dem Herrn des Universums, den Beutel mit dem Reis zu geben, und so saß er da mit niedergeschlagenen Augen. Sanft entzog Sri Krishna Sudama den Beutel und öffnete ihn. Es kam süßer, duftender Reis zum Vorschein. Sri Krishna nahm eine Handvoll und steckte sie Sich in den Mund. Er wusste, dass Sudama nur auf Bitten seiner Frau um Reichtum zu Ihm gekommen war, und beschloss, ihm allen nur erdenklichen Segen zu geben.

Sudama verbrachte die Nacht im Palast Sri Krishnas, am Morgen umarmte er Ihn und bat um Erlaubnis, heimkehren zu dürfen. Der Abschied schmerzte ihn, aber das Bild Sri Krishnas hatte sich fest in seinem Herzen verankert, und so nahm er es innerlich mit sich. So war sein Weg nach Hause teils mit Trauer, teils mit Freude erfüllt. Er kehrte mit leeren Händen zurück, ja er hatte nicht einmal den Wunsch seiner Frau ausgesprochen. Aber sein Herz war voll von Liebe zu Sri Krishna.

Als er in die Nähe seiner Hütte kam, geriet er in Zweifel. Er erkannte nichts mehr wieder, denn dort, wo seine Hütte stehen sollte, war ein leuchtender, glanzvoller Palast inmitten eines Parks mit prächtigen Blumenbeeten, Wäldern, Teichen, schönen Tieren. Geschäftiges Dienstpersonal lief auf und ab. Diener eilten herbei und trugen ihn in einer Sänfte zum Palast, himmlische Musik ertönte. Seine Frau eilte herbei und sie, die vorher gealtert und abgearbeitet ausgesehen hatte, erschien ihm nun so schön wie Lakshmi Devi, die Glücksgöttin selbst. Sie neigte sich zur Erde, erhob sich dann und umarmte Sudama.

Sie begaben sich ins Innere des Palastes und Sudama wähnte sich im Himmel. Er dachte bei sich: ›Das alles ist Sri Krishnas Gnade. Was bin ich doch für ein Narr, dass ich dachte, ich könnte den Wunsch meiner Frau vor Ihm verbergen. Man muss Ihm nichts sagen. Er kennt alle unsere geheimen Gedanken und unausgesprochenen Wünsche, jedes noch so verborgene Verlangen. Ich hoffe nur, dass ich in rechter Weise weiterlebe, um mich all dieser Gnade würdig zu erweisen.‹

Er richtete in Gedanken eine Bitte an den Herrn: ›Bitte nimm mein Verlangen nach diesen weltlichen Dingen und gib mir Deine Freundschaft Leben für Leben – ob ich in einem Palast lebe oder im Wald. Lass die Erinnerung an Dich in meinem Herzen ewiglich jung und frisch bleiben.‹

Und so nahmen Sudama und seine Frau den neuen Reichtum an, ohne jedoch daran angehaftet zu werden. Ihre Sinne und ihr Geist wurden von den Genüssen des Reichtums nie verwirrt, da sie reine Liebe zu Sri Krishna im Herzen hatten.

Vom richtigen Schenken

Im alten Indien herrschten einst zwei mächtige Königsgeschlechter, die Pandavas und die Kauravas. Diese spielen im Mahabharata, dem indischen Geschichtsepos, eine maßgebliche Rolle bei der Schlacht von Kurukshetra, bei der Sri Krishna und Sein Schüler Arjuna kämpften.

In der Zeit, als die Pandavas und Kauravas noch in Frieden lebten, veranstaltete König Yudhisthira, der Herrscher der Pandavas, ein wichtiges, religiöses Opferfest. Dieses wurde mit großem Pomp und viel Würde ausgeführt und sollte Yudhisthira die Anerkennung aller Könige des Erdballes bringen. Alle Freunde, Verwandten und Brahmanenpriester wurden reichlich beschenkt.

Friede herrschte auf der ganzen Erde während der Zeit der Opferfeier. Jedermann pries laut den Ruhm des großen Pandava-Königs, und himmlische Wesen ließen Blumen vom Himmel regnen.

Da geschah es auf wundersame Weise, dass plötzlich ein kleiner, blauäugiger Mungo mitten in der königlichen Gesellschaft erschien, dessen Fell auf der einen Seite golden glänzte. Er sprach mit der Stimme eines Engels: »Oh glorreicher König, das Opferfest, das du beendet hast und wofür du so viel Lobpreisung erhalten hast, ist nichts im Vergleich zu den Gastgaben eines armen Priesters in Kurukshetra!«

Jedermann im königlichen Gefolge war erstaunt und es wurden Fragen laut: »Wer bist du, woher kommst du und warum sprichst du so geringschätzig von dieser großen Opferfeier? Es wurden viele Gebete zu Gottes Ehre gesprochen. Viele wertvolle Geschenke wurden ohne Stolz verteilt und alle Bedürftigen wurden aufs Beste versorgt. Friede herrschte auf Erden. Alles war, wie es sein sollte. Warum also sprichst du so abwertend über dieses Opfer? Du scheinst eine himmlische Erscheinung zu sein, sage uns bitte, was du als störend empfandest!«

Darauf lächelte der Mungo und erwiderte: »Ich sprach nichts als die Wahrheit und auch nicht aus falschem Stolz oder um euch herabzuwürdigen. Aber höret die Geschichte, die ich einst erleben durfte:

Es lebte einst ein armer, aber rechtschaffener Brahmanenpriester mit seiner Familie in Kurukshetra. Er lebte von den Körnern, die er auf den abgeernteten Feldern einsammelte, und von herabgefallenen Früchten von Bäumen und Sträuchern. Er lebte bescheiden und gefestigt in den Regeln der Religion, ohne falschen Stolz und ohne Verlangen. Entsagt in seinen Gewohnheiten pflegte er nur eine Mahlzeit pro Tag zu sich zu nehmen. Und wenn es nichts zu sammeln gab und er auch keine Almosen bekam, so war er unverzagt, bis zur nächsten Mahlzeit am folgenden Tag.

Nun begab es sich, dass es in diesem Jahr eine grausame Dürre gab und das Korn verdorrte an den Halmen und selbst die bescheidensten Kräuter vertrockneten am Boden. Das bedeutete viele Fastentage für die Familie des Brahmanen aus Kurukshetra. Und so magerten sie alle sehr ab und verloren an Kraft.

Eines Tages im heißesten Monat gelang es dem Brahmanen, eine Handvoll Körner und ein paar Blätter zu finden. Seine Frau und die Schwiegertochter mahlten das Korn zu Mehl und bereiteten mit den Blättern daraus einen Brei zu. Nachdem er die bescheidene Speise Gott dargebracht und gesegnet hatte, verteilte er diese an seine Familie.

Gerade, als sie sich zum Essen niedersetzen wollten, kam ein wandernder Bettelmönch zur Tür des Hauses und begehrte Einlass. Der Brahmane war glücklich, sah er doch in jedem Gast Gott, und damit die Gelegenheit, Ihn zu verehren. So empfing er den Gast mit großer Herzlichkeit, gab ihm ein Kissen zum Sitzen und Wasser zum Waschen der Hände und Füße.

Dann gab er dem Gast seinen Anteil der Speise und bat ihn, seinen Hunger zu stillen. Der Gast aß mit Freude, aber es war nicht genug und er war immer noch hungrig.

Da sagte die Frau zu ihrem Mann: ›Bitte gib unserem Gast auch meinen Teil, damit er zufrieden von uns geht.‹

Der Brahmane zögerte, er sah seine Frau als Teil von sich, und sie war noch schwächer als er selbst. Aber die Frau bestand darauf, mit ihrem Mann die Gabe zu teilen. Der Gast aß auch den Anteil der Frau und war darauf immer noch hungrig.

Da gaben der Sohn und die Schwiegertochter bereitwillig auch ihre Speise an den Gast ab, damit dieser sich satt essen konnte.

Da offenbarte der Mönch seine wahre Identität: Es war Gott selbst in der Gestalt von Dharma, des göttlichen Aspektes der Gerechtigkeit und der religiösen Pflichten. Er war hocherfreut über die selbstlose Gastfreundschaft, selbst unter solchen Opfern.

Er sprach: ›Eure Gabe ist rein und in vollkommener Art und Weise gegeben. Die himmlischen Wesen besingen eure Opferbereitschaft als einzigartig. Ihr habt mit reinem Herzen gegeben und trotz eures eigenen Hungers behieltet ihr ein klares Verständnis für die Nöte der anderen. Unter normalen Menschen ist der Hunger ein mächtiger Feind von klarer Entscheidung und Rechtschaffenheit.

Damit habt ihr euch einen sicheren Platz im Himmel verdient. Der Himmel kann nur durch große Entsagungen und Opfer erlangt werden. Und eure Gabe ist wahrlich als größeres Opfer zu werten als pompöseste Opferzeremonien aller reichen Könige. Kommt mit, göttliche Helfer bringen euch in ihren Luftschiffen zu den himmlischen Planeten.‹ Damit verschwanden sie aus meiner Sicht.

Als ich dies alles sah und hörte, kam ich aus meinem Versteck hervor. Dabei berührte ich mit meiner einen Seite etwas von dem Mehl, das zu Boden gefallen war, und mein Fell färbte sich sofort golden.

Um auch der anderen Hälfte einen goldenen Glanz zu geben, reiste ich durch die ganze Welt und besuchte alle großen Opferzeremonien. Ich besuchte heilige Orte und Einsiedeleien der großen Weisen. Aber nirgendwo konnte ich meiner anderen Hälfte jenen

Glanz geben, den ich suche. Diese viel gepriesene, große Opferfeier von König Yudhisthira war meine letzte, große Hoffnung. Ich rollte mich hier über den gesamten Platz, aber ohne Erfolg. Daher sprach ich meine Worte.«

Damit verschwand der wundersame Mungo vor den Augen der erstaunten Hofgesellschaft.

****

Mit dieser Geschichte soll zum Ausdruck gebracht werden, dass nicht der materielle Wert von Geschenken und Gaben ausschlaggebend ist, sondern die Liebe, mit der sie gegeben werden. Heutzutage ist etwas Zeit und ein Lächeln für den Nächsten schon ein wertvolles Geschenk, wenn es von Herzen kommt. Und das ist jedem möglich ohne großen Aufwand. Lächeln wärmt die Herzen. Zeit und Verständnis schenken, lindert die Einsamkeit. Dann kehrt wieder heilende, göttliche Liebe ein und erwärmt die Herzen der Menschen.

Sri Krishnas Hunger

Nach dem Ausbruch der Feindschaft zwischen den Familien der Pandavas und Kauravas und nach dem verhängnisvollen Betrug im Würfelspiel, bei dem König Yudhisthira betrogen wurde, mussten die fünf Pandava-Brüder 12 Jahre im Exil im Walde leben.

Nun wollte Duryodhana, der König der Kauravas, angesichts seines Sieges über die verhassten Neffen ein Opferritual vollziehen, das ihm großes Ansehen und ebensolche Anerkennung wie dem Pandava-König Yudhisthira bringen sollte. Das Opfer wurde mit viel Pomp und Glanz vollzogen und viele Heilige nahmen daran teil. Unter ihnen war auch der große Weise Durvasa Muni zugegen. Er wurde mit seinen zehntausend Schülern und Anhängern aufs Beste bewirtet und großzügig zufriedengestellt.

Es war allgemein bekannt, dass der Weise sehr jähzornig war, jedoch auch leicht zufriedenzustellen und dann sehr freigiebig.

So gedachte König Duryodhana, ihn in einen teuflischen Plan einzuspannen. Er wusste, dass seine verhassten Pandavas vom Sonnengott einen Topf bekommen hatten, der sie mit allem Nötigen an Nahrung versorgte und von dem sie abhängig waren. Der Haken dabei war nur, dass der Topf bis zum nächsten Tag leer blieb, wenn die Pandavas ihr Mahl beendet hatten. Es gab dann kein Mittel, ihm irgendeine Speise zu entlocken. Es würde ihnen also nach der Mahlzeit unmöglich sein, einen Gast wie Durvasa Muni angemessen zu bewirten.

In der vedischen Zeit galt es als grobe Verfehlung, wenn ein Hausherr einen Gast nicht mindestens mit einem Kissen zum Sitzen, einem Glas Wasser und einer Speise versorgte. – Und so hoffte Duryodhana, dass sich die Pandavas auf diese Weise den Zorn des Weisen und einen unausweichlichen Fluch zuziehen würden.

Durvasa Muni willigte in die Bitte ein, die Pandavas im Wald am Nachmittag zu besuchen, obwohl er die böse Absicht hinter der

Bitte erkannte. Er machte sich unverzüglich auf den Weg zum Ashram der Pandavas in ihrem Waldexil. Er wartete voller List ab, bis sie das Mahl beendet hatten.

Er trat dann mit seinen zehntausend Schülern und Anhängern vor die Pandavas und sprach: »Wir sind hungrig und durstig von unserer Wanderschaft und hoffen, hier bei euch ein angemessenes Mahl zu bekommen. Ihr seid berühmt wegen eurer Gastfreundschaft und Rechtschaffenheit. Enttäuscht uns bitte nicht! Wir gehen jetzt zum Fluss und nach dem Bad werden wir uns hier wieder einfinden und hoffen, alles zu unserer Zufriedenheit vorzufinden.« Dann zogen sie zum Fluss.

Die Pandavas und ihre Frau Draupadi waren sehr traurig und besorgt bei den Worten von Durvasa Muni. Draupadi eilte in die Küche und die Pandavas eilten in den Wald, um Beeren, Wurzeln und wilde Früchte zu sammeln.

Draupadi begann zu weinen, als sie ihre trostlose Lage erkannte, und in ihrer Not wusste sie nur die Zuflucht in Sri Krishna, der Seinen Jüngern und Getreuen sehr zugetan ist und der sie schon so oft aus fast auswegslosen Situationen gerettet hatte. So richtete sie ihre Gebete an Sri Krishna und flehte um Hilfe.

Sogleich erschien Sri Krishna vor ihr und sprach: »Ich bin sehr hungrig und es dürstet Mich, gib Mir zu essen!« Draupadi erschrak und wusste nicht ein noch aus. Sri Krishna wiederholte: »Gib Mir bitte etwas zu essen. Ein kleiner Rest würde Mir schon genügen. Reiche Mir bitte den Topf!« Sri Krishna blickte in den Topf und sah am Boden einige Reiskörner kleben und am Rand etwas Gemüsereste. Er aß sie und Sein Hunger war gestillt.

Da aber Sri Krishna der Ursprung und die Seele der Schöpfung ist und alle Lebewesen von Ihm ausgehen, ist die gesamte Schöpfung zufrieden, wenn Sri Krishna zufrieden ist. Und so kam es, dass sich Durvasa Muni und seine zahlreiche Anhängerschaft nach dem Bade im Fluss mit einem Mal total gesättigt fühlten.

Sie schauten sich erstaunt an und rätselten, was zu tun sei, da sie sich außerstande sahen, auch nur das kleinste und bescheidenste Mahl zu sich zu nehmen. Sie bekamen Angst vor dem Zorn der Pandavas, wenn sie das so forsch verlangte Mahl nicht anrühren würden, und so zogen sie sich leise, aber eilig aus der Gegend zurück.

Die Pandavas aber waren froh, als sie merkten, dass ihr unerwarteter Besuch ausblieb. Sie erfuhren dann von Draupadi von Sri Krishnas segensreichem Wirken.

Die Fragen Yamas

Die 12 Jahre der Verbannung der Pandavas im Wald neigten sich dem Ende zu. Eines Tages, während eines Streifzuges durch den Wald, sahen sie einen herrlichen Hirsch umherstreifen. Im Nu erwachte ihr Jagdeifer und sie, die Pandava-Brüder, verfolgten das prächtige Tier den ganzen Tag. Doch gegen Abend entschwand er aus ihrem Blick.

Sie hatten sich während der Jagd sehr weit von ihrer Einsiedelei entfernt und fühlten sich müde, hungrig und durstig. So bat Yudhisthira seinen Bruder Nakula, auf den hohen Banyanbaum, unter dem sie rasteten, zu steigen und Ausschau nach Wasser zu halten. Nakula glaubte in einiger Entfernung einen See zu sehen.

Nachdem er seinen Brüdern berichtet hatte, nahm er einen Köcher, um darin Wasser zu holen, und eilte in die Richtung des Sees. Als er ihn erreichte, beugte er sich sogleich nieder, um zu trinken.

Plötzlich hörte er eine Stimme, die ihm befahl, erst einige Fragen zu beantworten, ehe er Wasser nehmen dürfe. Nakula war sehr durstig, und so missachtete er die Worte und trank, worauf er sofort tot umfiel. Yudhisthira sandte nun alle seine Brüder aus, um Nakula zu suchen, und alle ereilte das gleiche Schicksal. Zuletzt ging Yudhisthira selbst auf die Suche.

Als er den See und seine vier toten Brüder fand, erfüllten ihn heftiger Schmerz und Trauer. Auch er vernahm die Warnung, und obwohl er fast vor Durst starb, erklärte er sich bereit, auf die Bedingung der unsichtbaren Stimme einzugehen. Daraufhin stieg von einem Baum ein Dämon und näherte sich Yudhisthira.

Er sprach: »Meine erste Frage lautet: Was ist es, das die ungeläuterten Seelen erhebt?«

Yudhisthira erwiderte: »Das göttliche Wissen, die heiligen Schriften und die Selbsterkenntnis sind es.«

Die zweite Frage lautete: »Welches Lebewesen atmet, und lebt doch nicht?«

Yudhisthira antwortete: »Derjenige, der nichts opfert, weder Gott noch Gästen, weder Dienern, Ahnen, noch sich selbst, lebt nicht im wahrsten Sinne des Wortes.«

Die dritte Frage lautete: »Was ist die Seele des Mannes? Wer ist sein Freund und was ist sein höchster Schutz?«

Yudhisthira erwiderte: »Der Sohn ist des Mannes Seele. Die Frau ist sein Freund, den Gott ihm schenkt, und Nächstenliebe ist sein größter Schutz.«

Die vierte Frage lautete: »Welches ist das Beste aller löblichen Dinge? Was ist des Menschen wertvollster Besitz? Welches ist der höchste Gewinn und welches ist das höchste Glück?«

Yudhisthiras Antwort lautete: »Das Beste aller löblichen Dinge ist die Geschicklichkeit. Der wertvollste Besitz ist das Wissen, der höchste Gewinn ist die Gesundheit, und Zufriedenheit ist das höchste Glück.«

Die fünfte Frage lautete: »Was macht einen Menschen liebenswürdig, wenn er darauf verzichtet? Was bringt keinen Schmerz, wenn man darauf verzichtet? Was macht reich, wenn man darauf verzichtet? Und was macht glücklich, wenn man darauf verzichtet?«

Yudhisthira antwortete: »Stolz macht liebenswürdig, wenn man darauf verzichtet. Zorn macht keinen Schmerz, wenn man darauf verzichtet. Verlangen und Gier machen reich, wenn man darauf verzichtet, und Habsucht macht glücklich, wenn man darauf verzichtet.«

Die sechste Frage lautete: »Wer ist der unsichtbare Feind? Was ist die unheilbare Krankheit? Wer ist ehrenhaft und wer unehrenhaft?«

Yudhisthira antwortete: »Zorn ist der unsichtbare Feind. Gier ist die unheilbare Krankheit. Wer das Wohl aller Geschöpfe will, ist ehrenhaft, und wer undankbar ist, ist unehrenhaft.«

Die siebte und letzte Frage lautete: »Was ist Heuchelei? Was ist die Frucht unserer Opfergaben? Und was ist Verworfenheit?«

Yudhisthira erwiderte: »Das Erstarren religiöser Formen ist Heuchelei. Die Frucht unserer Opfergaben ist die Gnade Gottes. Und verworfen ist, wer schlecht von anderen spricht.«

Da sprach der Dämon: »Oh König, du hast alle Fragen zu meiner größten Freude und Zufriedenheit beantwortet. Wenn du auch noch die eine Frage richtig beantwortest, will ich dir einen deiner Brüder wieder zum Leben erwecken. Höre die Frage: Was ist Glückseligkeit und was ist das Erstaunlichste der Schöpfung?«

Yudhisthira lächelte und sprach: »Ein Mensch, der sein eigenes Mahl in seinem eigenen Hause kocht und ohne Schulden ist und einer, der nicht zu einem fremden Herrn muss, um zu arbeiten, ist wirklich glücklich.

Das Erstaunlichste ist, dass Tag für Tag zahllose Geschöpfe ins Totenreich eingehen und es keine Familie gibt, die vom Tod verschont bleibt, und doch denkt und lebt jeder so, als lebte er ewig!«

Da sprach der Dämon weiter, um Yudhisthira zu prüfen: »Ich will nun einen deiner Brüder zum Leben erwecken. Welchen von ihnen willst du lebendig sehen?«

Yudhisthira sprach: »Lasse Nakula wieder leben.«

Der Dämon war erstaunt und fragte: »Warum Nakula? Bhima und Arjuna sind deine eigenen Brüder und dir im Kampf viel wertvoller. Nakula ist doch nur dein Halbbruder.«

Yudhisthira erwiderte: »Ich habe immer versucht, den Pfad der Tugend zu gehen. Mein Vater hatte zwei Frauen, und Madri, die Mutter Nakulas, ist mir ebenso lieb wie meine eigene Mutter Kunti! Und so kann von jeder Mutter ein Sohn leben.«

Hocherfreut sprach der Dämon – der sich nun als Yama, als Gott des Todes und der letzten Gerichtsbarkeit zu erkennen gab – zu Yudhisthira: »Da du den höchsten Grad der Tugend besitzt, sollen alle deine Brüder wieder zum Leben erweckt werden!«

Und sogleich erwachten die Pandava-Brüder wie aus tiefem Schlaf. Sie fühlten sich erfrischt und gestärkt. Yama war sehr zufrieden mit Yudhisthira, der von Ihm als die Gerechtigkeit in Person anerkannt wurde. Und Er gewährte ihm und seinen vier Brüdern zum Abschied noch eine Bitte.

Sie sprachen: »Wir haben nun 12 Jahre in der Verbannung im Walde verbracht und müssen nun ein 13. Jahr unerkannt bleiben. Gib, dass wir das letzte Jahr erfolgreich zu Ende bringen!«

Yama versprach: »Ihr sollt das letzte Jahr im Königreich Virata verbringen und durch Meine Gnade wird es euch möglich sein, jede Gestalt anzunehmen, die ihr wollt.«

Mit diesen Worten verschwand Yama, und die Pandavas schliefen diese Nacht an dem See, um am Morgen zu Draupadi zu ihrer Einsiedelei zurückzukehren.

Die letzte Fahrt

Als Arjuna seinem ältesten Bruder, König Yudhisthira, von der Vernichtung ihrer Familie und dem Heimgang von Sri Krishna und dessen Bruder Balaram berichtet hatte, verspürte der große König auch keine Freude mehr am Leben.

Er beschloss also, dem Thron und dem äußeren Leben als Herrscher zu entsagen und sich auf seine letzte Pilgerreise zu begeben. Alle seine jüngeren Brüder und auch Draupadi beschlossen, sich Yudhisthira anzuschließen.

Yudhisthira krönte nun Parikshit, den Enkel Arjunas zum neuen König. Er bestellte ihm einen Vormund, bis er die Volljährigkeit erreicht habe. Kripa sollte die militärische Ausbildung des jungen Königs übernehmen. Subhadra, die Schwester Sri Krishnas, und eine der Frauen Arjunas sollten als mütterliche Erzieherinnen bei Parikshit bleiben.

Die fünf Pandava-Brüder und ihre Frau Draupadi wanderten nach Osten, bis sie an die Ufer des Brahmaputra gelangten. Dort gebot der Gott des Feuers, dass Arjuna seinen Bogen »Gandiva« und all die anderen himmlischen Waffen, die er einst als Geschenk der Götter erhalten hatte, in den Fluten des Flusses versenken solle.

Nachdem Arjuna diesem Befehl Folge geleistet hatte, zogen sie weiter nordwärts zum Himalajagebirge. Nach langen mühsamen Wandertagen durch dichte Wälder und das Gebirge brach nach großen Strapazen die treue Draupadi erschöpft zusammen und starb. Als Nächstes starb der weise Sahadeva, ihm folgte der stattliche Nakula in den Tod. Die Nächsten, die erschöpft zusammenbrachen, waren die großen Krieger und Helden Arjuna und Bhima. So blieb Yudhisthira, der Älteste von seinen Brüdern, allein zurück, nur gefolgt von einem Hund, der ihnen von Anfang ihrer Wanderschaft an nachgelaufen war.

Als Yudhisthira nach langem Marsch die höchsten Gipfel erreichte, erschien vor ihm der Götterkönig Indra in Seinem Strahlenwagen, um Yudhisthira mit in das himmlische Reich zu nehmen. Er war als erster Mensch erwählt, den Himmel in seiner irdischen Gestalt zu betreten. Als Indra ihn aufforderte, den himmlischen Wagen zu besteigen, zögerte Yudhisthira und gedachte traurig seiner Brüder und Draupadi, die er hatte zurücklassen müssen. Indra aber beruhigte ihn und versicherte ihm, sie seien schon im Himmel und erwarteten ihn dort.

Als Yudhisthira nun mit seinem Gefährten, dem treuen Hund, in den Wagen steigen wollte, wies Indra den Hund davon. Yudhisthira sprang sogleich vom Wagen und sprach: »Dieser Hund folgte uns auf dieser letzten Wanderschaft und hat mich als seinen Schutz erkoren. Er muss mit.« Indra wies dies entrüstet zurück, da ein Hund als unrein gelte und es sei also keine Sünde, wenn Yudhisthira den Hund zurückließe.

Yudhisthira entgegnete: »Meine Brüder und Draupadi musste ich zurücklassen, weil ich ihnen nicht mehr helfen konnte. Dieser Hund aber ist bei mir und unter meinem Schutz. Ich werde den Himmel nur mit ihm gemeinsam betreten!«

Als sich Yudhisthira so unbewegt zeigte, löste sich plötzlich die Gestalt des Hundes auf und es erschien Yama, der Gott des Todes und von Dharma, der Gerechtigkeit. Er lobte Yudhisthira, weil er auch diese letzte Prüfung bestanden und wahrlich den Himmel verdient habe.

Als nun der große und weise Yudhisthira den Himmel betrat, sah er Duryodhana – seinen irdischen Widersacher – in großem Glanz auf einem himmlischen Thron sitzen. Er konnte aber seine Brüder und Draupadi nirgends entdecken.

Er verfiel darüber in Schwermut und klagte verbittert, er könne den Anblick des Königs, der für so viel Leid und Blutvergießen verantwortlich sei, nicht ertragen.

Der himmlische Weise Narada belehrte ihn: »Dein Hass ist unwürdig. Hier auf dieser Ebene gibt es keine Feindschaft.

Duryodhana hat sich himmlische Ehre errungen, weil er sein Leben auf dem Schlachtfelde beendete, wie es für einen Krieger rechtens ist. Da du aber noch in deinen irdischen Körper steckst, verwirren dich diese Gedanken und Gefühle. Du musst dich über sie erheben.«

Dann sandte er einen Boten, der Yudhisthira zu seinen Verwandten bringen sollte. Als sie sich auf den Weg machten, waren sie bald von Finsternis, Trostlosigkeit und stickiger Luft umgeben. Sie mussten durch Schmutz und Unrat waten. Yudhisthira atmete schwer und kämpfte bereits mit dem Gedanken, umzukehren. Aber da hörte er viele Stimmen, die ihn baten, bei ihnen zu bleiben, da er ihnen Erleichterung bringe. Er vermeinte die Stimmen und die kläglichen Schreie als die seiner nächsten Angehörigen zu erkennen. Und so schickte er seinen Begleiter zurück und sagte, er wolle hier bei all den Leidenden bleiben.

Als der Bote Götterkönig Indra Bericht erstattet hatte, verging die Finsternis um Yudhisthira und er befand sich in einer lieblichen Landschaft. Die Luft war rein und niemand war da, der Leid ertragen musste. Es erschienen die Götter in Ihrem Glanz und lobten Yudhisthira wegen seines Mitgefühls, seiner Rechtschaffenheit und Treue. Yama sprach, das sei der letzte Test gewesen, und Yudhisthira sei nun auf ewig vom Kreislauf der Wiedergeburt befreit.

Dann baten ihn die Götter, Ihnen zu folgen und ein Bad im himmlischen Ganges zu nehmen. Als er ins Wasser eintauchte, fiel seine sterbliche Hülle von ihm ab, er erschien nun in seiner himmlischen Gestalt. Er ging in die himmlischen Sphären ein.

Dann öffneten sich die Wunder des Himmels in Glanz und Herrlichkeit dem unsterblichen Yudhisthira und seinen Brüdern und ihrer Frau Draupadi.

Ajamilas Befreiung

Es lebte einst der junge Brahmanenpriester Ajamila, der vom rechten Pfad abfiel, da er Zuneigung zu einer Prostituierten hegte. Er gab seine Gelübde auf und zog zu ihr in ihr Haus. Nachdem er durch Betrug, Raub und Glücksspiel zu viel Geld gekommen war, wurde er ein angesehener Kaufmann in der Stadt. Er wurde hartherzig und gierig und für ihn zählte nur der Profit. Er hatte mehrere Kinder mit der Prostituierten, und seinen jüngsten Sohn nannte er aus einer Laune heraus Narayana. Dies ist der Name von Sri Vishnu als höchster Herr im Universum. Ajamila liebte das Kind über alles und verwöhnte es sehr.

Eines Tages, ohne Warnung, betrat der Tod sein Haus. Ajamila sah vor sich drei Yama Dhutas, die Diener des Todesgottes. Diese waren schreckliche Gestalten mit verzerrten, unbarmherzigen Gesichtern und wirren, feuerroten Haaren. Sie hielten Stricke in ihren Händen, um ihn zu binden und ihn mit Gewalt vor den Thron Yamas, des Todesgottes, zum letzten Gericht zu schleppen.

Panik überkam Ajamila angesichts des Todes, und in seiner Verzweiflung rief er laut den Namen seines über allem geliebten Sohnes: »Narayana! Narayana!« Dann verließ seine Seele den Körper.

Die Vishnu Dhutas – ewige Diener von Sri Vishnu – hörten den Ruf des heiligen Namens »Narayana« und erschienen augenblicklich an Ajamilas Totenbett. Sie glichen Sri Vishnu mit den Lotosaugen und ihren schönen, ewiglich jungen Körpern. Gekleidet waren sie in goldene Gewänder, hatten goldene Kronen auf dem Kopf und trugen kostbaren Schmuck. Ihr Erscheinen ließ den Raum hell erstrahlen.

Als die Vishnu Dhutas die gefesselte Seele Ajamilas in den Händen der Diener Yamas sahen, befreiten sie ihn sofort. Die Yama Dhutas waren damit nicht einverstanden, mussten sich aber dann doch dem Willen der Vishnu Dhutas beugen, die nun Ajamilas Seele mit sich in das lichte Reich Vishnus nahmen.

Die Yama Dhutas aber suchten stracks ihren Herrn Yama auf und erstatteten Bericht. Yama, der Herr des Todes, lächelte und sprach: »Ihr hattet recht, Ajamilas Seele zu holen, er war ein sündiger Mensch. Nicht nur, dass er vom rechten Weg abkam, er beleidigte die Halbgötter und verweigerte ihnen ihren Anteil am Opfer. Er raubte und betrog und wandte Gewalt an gegen seine Mitmenschen und wies Hungernde von seiner Türe. So lange hattet ihr ein Recht auf ihn.

Aber zur Stunde seines Todes rief er den heiligen Namen Narayanas. Er meinte zwar seinen Sohn, aber der heilige Name Gottes ist so mächtig, dass er augenblicklich Befreiung bringt, auch wenn er unwissend ausgesprochen wird. So wie auch Medizin wirkt, wenn sie ohne Kenntnis genommen wird.

Auf diese Weise befreite sich Ajamila durch das Ausrufen des heiligen Namens ›Narayana!‹ von all seinen Sünden dieses Lebens, ja aller Leben bisher. Und ihr hattet euer Recht auf ihn verloren. So betrachtet in Zukunft alle Lebewesen – ob Sünder oder Weise – als geheiligt, wenn sie die heiligen Namen Gottes zur Stunde ihres Todes sprechen.«

Wer ist der Erhabenste?

Gott wird in den heiligen Schriften der Hindus in Seinen vielfältigen Aspekten verehrt: So ist Brahma der Schöpfer, Vishnu der Erhalter der Schöpfung und Shiva der Zerstörer und Erneuerer der Schöpfung, der alles Alte, Überkommene beseitigt und Platz schafft für etwas Neues. Es sind eigentlich göttliche Kräfte, die in der materiellen Schöpfung zusammenwirken.

Einst versammelten sich viele Weise und Heilige in einem Wald, um über die Auslegungen der Veden, der heiligen Schriften, zu reden. Dabei ging es hauptsächlich um die Frage, wer der bedeutendste und verehrungswürdigste der drei Götter Brahma, Vishnu und Shiva sei. Die Weisen beauftragten Bhrigu Muni, die drei Götter zu besuchen und sein Urteil zu fällen.

So nahm Bhrigu Muni Abschied und suchte Brahmaloka, den himmlischen Aufenthaltsort von Brahma auf. Brahma ist der Vater der meisten großen Heiligen, und so auch von Bhrigu Muni. Der Nachname »Muni« wird nur Heiligen gegeben.

Bhrigu Muni grüßte Brahma nicht, erwiderte auch nicht dessen Gruß und ließ jede Höflichkeit gegenüber Brahma vermissen. Es gibt drei Arten von Vergehen nach vedischer Auffassung: Vergehen durch Gedanken, Worte oder Taten.

Dies war ein Vergehen durch Gedanken, da Bhrigu Muni Brahma durch Nichtbeachtung beleidigt hatte. Brahma wurde sehr zornig und schalt mit Bhrigu Muni. Er war nur schwer zu beruhigen.

Nachdem Bhrigu Muni Abschied genommen hatte, ging er zum Berg Kailash im Himalaja, dem ewigen Aufenthaltsort von Shiva. Dieser eilte Seinem Bruder mit ausgebreiteten Armen entgegen, um ihn durch Umarmung zu begrüßen.

Bhrigu Muni wich Ihm aus und sprach angewidert: »Bleib mir fern. Du hast unsauberen Umgang. Du verweilst oft auf Verbrennungsplätzen und beschmierst dich mit Asche und Dung. Dich möchte ich nicht berühren.« Diese Beleidigungen waren Vergehen durch Worte. Shiva wurde daraufhin sehr zornig. Er nahm seinen Dreizack und wollte Bhrigu Muni auf der Stelle töten. Durga Devi fiel Ihrem Gemahl Shiva in den Arm und verhinderte so ein Blutbad. Bhrigu Muni floh auch sofort vor Shivas Zorn.

Er begab sich daraufhin nach Svetadripa, dem Ozean in der spirituellen Welt, wo Sri Vishnu sein Ruhelager auf dem Schlangenbett Sesha hat, umsorgt von Lakshmi Devi, der Glücksgöttin. Bhrigu Muni näherte sich Sri Vishnu und trat ihm, ohne ein Wort zu sagen, mit dem Fuß fest auf die Brust. Dies war ein schweres Vergehen durch eine Tat. Es ist verwerflich, einen anderen Menschen mit dem Fuß zu treten. Diese Tat gilt für die Seele als sehr verunreinigend.

Sri Vishnu erhob sich sofort und begann Bhrigu Munis Fuß zu massieren. Er sprach: »Sei gegrüßt, Mein lieber Bhrigu. Ich bitte dich um Verzeihung, dass Ich Mich bei deinem Kommen nicht sofort erhoben habe. Ich hoffe nur, dass du dir nicht deinen Fuß an Meiner harten Brust verletzt hast.« Dann verneigte Er sich vor dem großen Heiligen.

Vishnu ist so großherzig, dass Er stets bereit ist, ein Vergehen Seiner fortgeschrittenen Anhänger und Weisen als gering zu erachten und zu vergeben.

Bhrigu Muni berichtete nach seiner Rückkehr der Versammlung der Weisen alles, was sich zugetragen hatte. Und alle Heiligen und Weisen waren sich einig, dass Sri Vishnu der erhabenste und verehrungswürdigste unter den Göttern sei.

Narada bezwingt das Verlangen

Narada Muni war eine meisterliche, befreite Seele, frei von Eigensucht und Sinnesgenuss. Er hatte sein Leben ganz Gott geweiht. So hohe Seelen übernehmen manchmal eine besondere Rolle in dem göttlichen, kosmischen Spiel, wenn der Schöpfer mit ihrer Hilfe ein Lehrbeispiel für die in Unwissenheit lebenden Menschen geben will.

So geschah es einst, als Narada Muni in tiefer Meditation über Sri Krishna – den Herrn der Schöpfung – versunken war, dass der König der Halbgötter Angst um seine Stellung im Himmel bekam. So versuchte er Narada Munis Meditation zu stören. Er schickte Kama, den Halbgott der Liebe und der Lust zusammen mit den himmlischen Gesellschaftsmädchen zu Narada Muni und verzauberte den Ort der Meditation in einen wunderschönen Lustgarten. Die reizvollen Mädchen begannen vor Narada Muni zu tanzen und wollten ihn verführen.

Da er aber in tiefer Meditation über Sri Krishna vertieft war, war er nicht zu verwirren, und alle Versuche blieben nutzlos. So verließen die Gesellschaftsmädchen enttäuscht den Ort und Kama verneigte sich ehrfürchtig vor Narada Muni und verehrte ihn. Narada Muni öffnete daraufhin die Augen, sah Kama vor sich und hörte sich seine ganze Geschichte an.

Voller Stolz, Kamas Verführungsplänen nicht erlegen zu sein, reiste Narada Muni zu Shiva und berichtete Ihm alles. Shiva erwiderte: »Das hast du gut gemacht. Gib aber bitte damit vor Vishnu nicht so an!«

Narada Muni wurde böse, da er dachte, Shiva neide ihm den Erfolg, und er zog unverzüglich zu Vishnus Rastplatz im spirituellen Ozean der Ursachen und erzählte Ihm stolz von seiner Tat. Vishnu entgegnete aber nur: »Gut, gut, Mein lieber Narada, aber lasse nicht nach, vorsichtig zu sein. Man weiß nie, was kommt!« Narada Muni war gar nicht zufrieden mit Vishnus Reaktion. Er hatte Lob erwartet und war sich sicher, er brauchte nicht mehr vorsichtig zu sein. Er glaubte, dass er ein für alle Mal gegen jede Verführung gefeit sei.

Auf seiner Wanderung kam er bald zu einer schönen Stadt mit blühenden Gärten, schönen Palästen und wohlhabenden Menschen. Er wurde im Königspalast aufs Herzlichste empfangen und bewirtet. Der König, dem das Land gehörte, bot ihm einen bequemen Sitz an und stellte dem himmlischen Gast seine Familie vor. Besonders die Königstochter Srimati kümmerte sich sehr aufmerksam um ihn, und er spürte allmählich Zuneigung zu ihr.

Als Narada Muni hörte, dass eine besondere Zeremonie abgehalten werden sollte, bei der sich die Prinzessin einen Gemahl aussuchen würde, dachte er sich, dass er zum glücklichsten Menschen der Schöpfung würde, könnte er die Prinzessin für sich gewinnen.

So begann er zu Sri Krishna zu beten. Als Sri Krishna vor Narada Muni erschien, bat Narada Muni diesen: »Oh mein Herr, gib mir bitte das Gesicht Haris.« Sri Krishna willigte ein und Narada Muni zog siegessicher in die Halle, in der die Zeremonie stattfinden sollte. Narada Muni dachte bei seiner Bitte um Haris Gesicht an Krishnas wunderschöne Form als Hari, dem Herzensdieb.

Er bedachte jedoch nicht, dass Hari auch in einer anderen Bedeutung »Affe« heißt. Und so stolzierte Narada Muni mit dem Gesicht eines Affen in den Saal, in dem schon die schönsten, stattlichsten und wohlhabendsten Prinzen und Adeligen Platz genommen hatten.

Prinzessin Srimati schritt die Reihen der Männer ab, ohne eine engere Wahl treffen zu können. Narada Muni war sich sicher, dass sie nur ihn suchen könnte, und so erhob er sich und eilte unter Gelächter der anderen auf Srimati zu. Kurz bevor er sie erreichte, hörte er die Rufe der Mitkonkurrenten: »Was will denn der Affe hier? Will der sich lächerlich machen? Schön ist er ja, aber eben nur ein Affengesicht.«

Ehe Narada Muni sich so richtig wundern konnte, erschien Sri Krishna im Eingang der Halle. Srimati eilte strahlend auf Ihn zu und hängte Ihm eine Blumengirlande um, zum Zeichen, dass sie Ihn zum Gemahl erkoren hatte.

Narada Muni wurde zornig und schrie Sri Krishna an: »So erfüllst Du also Deine Versprechen! Du versprachst mir Dein lotosgleiches Gesicht, aber da Du Srimati für Dich selbst wolltest, hast Du mich derart hässlich verunstaltet.«

Er wollte gerade mit von Zorn verwirrtem Geist einen Fluch über Krishna aussprechen, als der Palast, der König, die Prinzessin Srimati und die gesamte Hochzeitsgesellschaft verschwunden waren und sich Narada Muni allein mit Sri Krishna wiederfand.

Als Narada Muni wieder klare Gedanken fassen konnte, sprach Sri Krishna: »Verzweifle nicht, Narada Muni. Du hattest nicht bedacht, dass Hari auch »Affe« bedeutet. Außerdem war alles nur eine Vorspiegelung Meiner illusionierenden Energie. Du warst dir doch sicher, für alle Zeit vor jeder Verführung sicher zu sein! Ich wollte dir nur zeigen, dass du nur unter Meinem Schutz vor allem Ungemach sicher bist.«

Narada Muni fiel Sri Krishna zu Füßen und bat: »Ich erflehe Deine Vergebung.« Dann dankte er Sri Krishna mit Gebeten, dass der Herr ihm die Augen geöffnet hatte.

Narada und der fromme Bauer

Einst saß Narada Muni in Meditation über Sri Krishna, dem Herrn aller Schöpfung. Er war voller Freude und es schlich sich Stolz in sein Herz. Er dachte: ›Ich singe Tag für Tag und Nacht für Nacht zum Ruhm des Herrn. Mein Herz ist erfüllt mit Verlangen nach dem Herrn. Es wird wohl keinen größeren Anhänger Sri Krishnas geben als mich.‹

Mit diesen Gedanken machte er sich auf den Weg zum spirituellen Ozean der Ursachen, wo Sri Vishnu auf Seinem Bett der Schlange Sesha lag, wohl umsorgt von Lakshmi Devi, der Glücksgöttin. Nach der Begrüßung fragte Narada Muni sofort voller Wissbegierde: »Ich singe zu Deinem Ruhm am Tage und in der Nacht, und jede Minute ist mit Deiner Verehrung ausgefüllt. Gab es je und wird es einen größeren, ergebeneren Anhänger geben als mich?«

Sri Vishnu erhob Sich und sprach: »Diese Frage werde Ich dir auf der Erde beantworten. Komme mit!«

Er nahm Seine zweihändige Form als Sri Krishna an, dann verkleideten sie sich als Bauern und gingen zu einer Hütte am Rand eines Dorfes. Sri Krishna sprach: »In dieser Hütte wohnt einer Meiner größten und hingebungsvollsten Anhänger.«

Sie betraten die Hütte und wurden mit aller Höflichkeit begrüßt und bewirtet. Der Bauer gab ihnen, obwohl nicht reich, die besten Speisen, die er auftreiben konnte. Dann bot er den beiden göttlichen Gästen seine eigene Bettstatt für die Nacht an.

Auf Narada Munis Frage sagte der Bauer: »Im Gast sehe ich Sri Krishna und nutze die Gelegenheit, Ihm alle meine Verehrung zukommen zu lassen.«

Am Morgen trat der Bauer vor seinen Altar und betete die heiligen Namen Gottes, opferte etwas Weihrauch und eine Blume zu Ehren Sri Krishnas und ging mit dem Namen Krishnas auf den Lippen zu seinem Feld an die Tagesarbeit.

Nachdem Narada Muni und Sri Krishna sich am Brunnen gewaschen hatten und von der Bäuerin ein Frühstück erhalten hatten, gingen auch sie wieder ihres Weges. Sie trafen den Bauern beim Pflügen, und jedes Mal, wenn er eine Furche fertig gezogen hatte, rief er: »Jai Govinda, Jai Ram, Jai Krishna!«

Narada Muni fragte ihn, wie oft er sich an die heiligen Namen Gottes erinnerte. Der Bauer sprach: »Am Morgen, wenn ich mich erhebe, und am Abend, wenn ich mich zur Ruhe lege, und am Tage, sooft es mir die Arbeit erlaubt.«

Spöttisch sagte Narada Muni, als sie weitergezogen waren, zu Sri Krishna: »So, so, am Morgen, am Abend und sooft es ihm die Arbeit erlaubt. Und diesen nennst Du einen Deiner besten Jünger? Ich verehre Deinen heiligen Namen und Deinen Ruhm in jeder Minute meines Lebens!«

Sri Krishna befahl nun: »Nimm diesen Kessel voller Wasser und trage ihn auf dem Kopf nach Art der Landleute. Umrunde jenen Berg dort und komme dann zurück. Aber gib acht, dass du ja keinen Tropfen verschüttest!«

Narada Muni entgegnete: »Das wird sicher nicht leicht, aber mit Deiner Gnade wird es gelingen.« Dann begann er seine Aufgabe in Angriff zu nehmen. Er musste sich sehr konzentrieren und bedachte jeden Schritt auf dem felsigen Weg. Als er glücklich zurück bei Sri Krishna war, war er sehr stolz, kein Wasser verschüttet zu haben. Dann nahm ihm Sri Krishna den Kessel vom Kopf.

Er fragte: »Mein lieber, großer Geweihter Narada Muni, wie oft hast du an Mich gedacht auf deinem Weg?«

Traurig erwiderte Narada Muni: »Ich fürchte, kein einziges Mal. Der Weg und der Kessel mit dem Wasser auf meinem Kopf haben meine ganze Aufmerksamkeit in Anspruch genommen.«

Sri Krishna lachte und erklärte: »Der Bauer arbeitet hart, um sich und seine Familie zu ernähren, und doch erinnert er sich an Mich – wenigstens am Morgen, am Abend und wenn es ihm die Arbeit erlaubt. Du jedoch hast nicht ein einziges Mal an Mich gedacht, als du den Berg umrundet hast. Du warst nur bemüht, keinen Tropfen Wasser zu verschütten.«

Narada Muni warf sich Sri Krishna zu Füßen und sprach: »Ich erkenne es an, diejenigen, die sich im harten Lebenskampf befinden und sich trotzdem an Dich erinnern und Dich verehren, sind fürwahr Deine größten Diener und Getreuen!«

Narada und die Illusion

Einmal kam Narada Muni auf seiner Wanderschaft nach Dwaraka, der Königsstadt von Sri Krishna, und wurde dort von Ihm in Seinem Palast aufs Herzlichste begrüßt und bewirtet. Narada Muni stellte bei einem Gespräch an Sri Krishna die Frage: »Mein lieber Freund Krishna, erkläre mir bitte Maya, Deine illusionierende Energie.«

Sri Krishna antwortete: »Maya ist nicht erklärbar. Maya muss man erfahren. Komme mit und du wirst es verstehen.«

Zusammen wanderten sie aus der Stadt, bis sie in die Wüste kamen. Plötzlich fasste sich Sri Krishna an den Hals, stöhnte und sank zu Boden. Er flehte: »Mein Freund, es geht Mir nicht gut. Nimm diesen Krug und hole Mir bitte etwas Wasser!« Sri Krishna gab Narada Muni einen Krug, und dieser eilte in die von Sri Krishna angezeigte Richtung.

Nach einiger Zeit sah er eine Oase mit Palmen und Häusern und fruchtbaren Feldern. Dorthin eilte er. Er fand auch gleich einen Brunnen, an dem gerade ein wunderschönes Mädchen einen Wassereimer heraufzog. Narada Muni war von ihrer Schönheit betört, und nachdem er etwas Wasser von ihr bekommen und einige scherzende Worte mit ihr gewechselt hatte, vergaß er total den Grund seines Kommens.

Er folgte dem Mädchen zu ihrem Haus und wurde von ihrem Vater freundlich begrüßt und aufs Beste bewirtet. Da der Vater schon lange auf der Suche nach einem geeigneten Gemahl für seine Tochter war und ihm Narada Muni sympathisch war, gab er ihm seine Tochter zur Frau – aber unter der Bedingung, dass er im Dorf bliebe und ihn, da er schon alt sei, als Dorfoberhaupt ablöse.

Narada Muni willigte freudig, vom Mädchen verzaubert, ein und nach kurzer Zeit war er völlig im Dorf integriert. Er hatte viele Pflichten, und als der alte Vater starb, war er allein für das Wohl des Dorfes und seiner Bewohner verantwortlich. Die Jahre vergingen. Sie brachten viel Glück, aber auch Leid. Auch stellten sich nach und nach viele Kinder ein. Dies alles nahm ihn total in Anspruch und ließ ihm keine ruhige Minute der Besinnung mehr.

Als Narada Muni am Höhepunkt seines Erfolges war, kam das grausame Schicksal in Form eines Wirbelsturms mit verheerenden Wolkenbrüchen. Im Nu war der Dorfbach ein reißender Fluss, der sofort alle Dämme zerbrach und das ganze Tal überflutete.

Narada Muni gelang es mit letzter Anstrengung, seine Frau und die Kinder in ein Boot zu bringen. Dann verschwanden sein Haus, sein Reichtum, seine Felder und alle Bewohner in den reißenden Fluten. Aber dann zertrümmerte auch noch eine wuchtige Woge das Boot und entriss ihm Frau und Kinder. Als er sich außerstande sah, sie zu retten, erinnerte er sich in seiner höchsten Not an seinen Freund und Herrn Sri Krishna. Er flehte: »Oh Herr, oh Krishna, rette meine Frau und meine Kinder. Oh ich Unglücklicher, wie soll ich ohne sie leben!«

Er hörte plötzlich neben sich eine freundliche Stimme: »Oh Narada, Mich dürstet. Wo bleibt Mein Wasser?« Narada Muni öffnete erstaunt seine Augen und fand sich in der Wüste, wo er Sri Krishna durstig zurückgelassen hatte. Dieser sprach gütig zu dem am Boden zerstörten Narada Muni: »Mein Freund, sei beruhigt. Es gibt nichts und gab nichts wie deine Frau und Kinder noch Reichtum noch Untertanen. Dies alles war nur ein Traum, eine Illusion Mayas.«

Narada Muni warf sich Sri Krishna zu Füßen und danke Ihm mit den Worten: »Hab Dank. Jetzt weiß ich, dass das Leben selbst mit seinen Werten und Titeln Illusion ist. Dies alles ist Maya, die kosmische Täuschung, und ihr ist nur schwer zu entrinnen. Und nur durch Deine Gnade können wir Maya überwinden. Nur das Leben unter Deinem Dienst und unter Deinem Schutz hat ewigen Bestand.«

Valmiki und die verwandelnde Kraft der heiligen Worte

Einst lebte ein Dieb und Räuber namens Dasuratnakara. Er lebte in einer Höhle im Wald mit seiner Frau, seinen Kindern und seinen alten Eltern. Er sorgte für den Unterhalt seiner Familie und seiner Eltern durch Raub, Mord und andere abscheuliche Dinge.

So geschah es, dass einmal der Weise Narada Muni an der Behausung des Räubers vorbeikam. Der Räuber hielt ihn an und forderte Naradas Reichtum. Dieser aber hatte nur seine Tampura – sein heiliges Musikinstrument – und sein spirituelles Wissen. So gab er dem Räuber sein Instrument. Der Räuber war jedoch nicht zufrieden und verlangte barsch nach Geld.

Narada Muni sprach zu ihm: »Geld besitze und benötige ich nicht. Aber ich kann dir geistigen Reichtum geben. Aber höre, du raubst und mordest. Aber weißt du auch, dass du auf all deine bösen Taten auch böse Reaktionen erleiden musst? Das ist das Gesetz des Karmas. Erzähle mir, für wen du das alles tust.«

Der Räuber antwortete: »Ich raube, um meine Familie zu versorgen. Sie ist der Nutznießer des Reichtums, den ich herbeischaffe.«

Der Heilige erwiderte: »Deine Familie nimmt also Anteil an den Segnungen, die du für sie raubst. Aber sind sie auch bereit, die Reaktionen deiner bösen Taten auf sich zu nehmen? Gehe zu deiner Familie und sieh, wer bereit ist, dir einen Teil von deinem schlechten Karma abzunehmen. Ich werde hier warten, das verspreche ich dir. Berichte mir dann.«

Daraufhin kehrte der Räuber zu seiner Behausung zurück und traf zuerst seine alten Eltern. Er erzählte ihnen von seinem Gespräch mit Narada Muni: »Der Heilige Narada erklärte mir das Gesetz des Karmas. Er sagte, für jeden Raub und Mord müsse ich in Zukunft Reaktionen erleiden. Aber ich habe dies ja nur getan, um für euren Unterhalt zu sorgen. Ihr seid meine geliebten Eltern. Darum frage ich euch, ob ihr bereit seid, einen Teil meines Karmas zu übernehmen?«

Sie antworteten: »Du bist wohl nicht bei Trost? Jetzt wo wir alt sind und jeden Tag sterben können, sollen wir deine schlimmen Reaktionen übernehmen? Wir haben dir ja nie gesagt, dass du rauben und morden sollst. Das war dein eigener Weg. Bringe uns jetzt nicht in Schwierigkeiten auf unsere alten Tage.«

Der Räuber war verunsichert, als er merkte, dass seine Eltern ihm nicht helfen wollten. Er fragte daraufhin seine Kinder. »Ich kleide euch und ernähre euch, und durch mich bekommt ihr alles, was ihr braucht. So wie ihr Anteil habt an den guten Dingen, die ich euch bringe, so hoffe ich, dass ihr auch einen Teil meines schlechten Karmas auf euch nehmt.«

Die Kinder sprachen: »Wir haben dich nicht gebeten, deine Kinder zu werden. Irgendwie sind wir in deine Familie geboren worden. Du hättest ja auch ein angesehener, reicher Kaufmann werden können. Das wäre uns sowieso lieber. Wieso sollen wir dann deine schlechten Reaktionen von dir übernehmen? Wir sind jung und nicht für dein Tun verantwortlich. Verdirb uns bitte nicht unsere Zukunft.«

Jetzt fühlte der Räuber Enttäuschung und er war stark verwirrt. Und er wandte sich an seine Frau: »Wir sind zusammen durch dick und dünn gegangen. Glück und Leid haben wir gemeinsam ertragen. Du wirst doch sicherlich einen Teil meines Karmas auf dich nehmen, das ich zu erwarten habe, weil ich für meine Familie geraubt und gemordet habe.«

»Ich habe mich wohl verhört«, erwiderte die Frau, »was habe ich mit deinem Karma zu tun? Was habe ich von diesem Leben? Ich muss mich dauernd verborgen halten, ich komme nicht unter Menschen. Auch habe ich keine schönen Kleider, um mich bei Festen sehen zu lassen. Ich muss die Kinder erziehen, kochen, Wäsche waschen und flicken. Und nun willst du auch noch dein schlechtes Karma auf mich abladen? Das schlage dir aus dem Kopf!«

Nun wurde der Räuber sehr verzweifelt. Er raubte, stahl und mordete und jeder seiner Familie war sofort dabei, wenn es ans Verteilen der Beute ging. Aber von den schlimmen Reaktionen wollte keiner auch nur einen kleinen Teil übernehmen.

So deprimiert kam er zurück zu Narada Muni und sprach: »Du hattest recht. Niemand will etwas von meinem schlechten Karma übernehmen. Was kann ich jetzt tun? Wie kann ich jetzt von den Reaktionen auf meine Sünden frei werden?«

Narada Muni riet ihm, den heiligen Namen »Rama« wiederholt zu singen und darauf zu meditieren. »Das ist mir unmöglich«, sprach der Räuber. »Das habe ich noch nie getan. Das ist gegen meine Natur. Ich kann drohen und fluchen, über Raub und Mord sprechen. Aber deine heiligen Worte wollen mir nicht über die Lippen.«

Gütig lächelte Narada und riet ihm: »Mein lieber Freund, so spreche immer wieder das Wort ›Mara‹. Das heißt so viel wie ›angreifen‹, ›schlagen‹ oder ›töten‹.« Dies fiel dem Räuber leicht und er war zufrieden.

Aber als er begann, das Wort »Mara« immer wieder zu wiederholen, wurde aus »Maramara« das heilige Wort »Ramarama«.

Und obwohl er nichts Heiliges im Sinn hatte, wurde er durch die Kraft des heiligen Namens von Sri Rama nach einiger Zeit von materiellen Anhaftungen befreit und bekam spirituelle Sicht. So konnte er die ewigen Spiele Sri Ramas in seinem Herzen erkennen und sich an ihnen erfreuen.

Er machte es sich zum Ziele seines Lebens, diese niederzuschreiben. Er nahm den Namen Valmiki an und wurde durch sein Buch »Ramayana« unsterblich.

König Citraketu

Vor langer Zeit lebte ein mächtiger König namens Citraketu. Er hatte viele Frauen, aber trotzdem wurde ihm kein Thronfolger geboren. Er war darüber sehr betrübt und er konnte keine rechte Freude am Leben gewinnen, obwohl er reich und beliebt war, sein Land fruchtbar und seine Untertanen gesund und glücklich lebten.

Eines Tages geschah es, dass der Heilige Angira zu Citraketus Palast kam. Er wurde höflich empfangen und reichlich bewirtet. Der Heilige bemerkte den traurigen Gemütszustand des Königs, und so fragte er ihn nach dem Grund. Der König erwiderte: »Ich habe alles, was ein Mensch zum Glück braucht, aber das größte Glück eines Mannes, ein Sohn, ist mir nicht vergönnt. Was hat also all dieser Reichtum für einen Wert, wenn keine Kinder da sind, um ihn zu erben? Wer soll den Thron besteigen, wenn ich nicht mehr bin, um unsere Linie weiterzuführen?«

Angira war aus Mitleid bereit, dem König zu helfen. Aber er warnte Citraketu, dass Kinder nicht nur Glück bringen. Dann bereitete er in einer Opferzeremonie eine spezielle Speise, die der König seiner Lieblingsfrau Kritadyuti gab, die daraufhin schwanger wurde. Der Heilige sprach: »In rechter Zeit wird dir ein Sohn geboren werden. Nenne ihn Harshashoka, was ›Glück und Leid‹ bedeutet. Denn Glück und Leid wird er dir bringen.«

Damit verschwand der Heilige vor seinen Augen. Nach der rechten Zeit gebar Kritadyuti einen wunderschönen Sohn, und der König war glücklich über alle Maßen. Vor lauter Glück vergaß er die Prophezeiung Angiras.

Der König verwöhnte das Kind und die Mutter zu jeder Gelegenheit, was den Neid und die Missgunst der anderen Frauen nach sich zog, die sich vernachlässigt fühlten. Und so beschlossen sie, das Kind zu töten. Sie bereiteten Gift und gaben es dem Kind heimlich bei Nacht.

Als die junge Mutter am Morgen ihr Kind versorgen wollte, fand sie es im Bettchen regungslos vor. Sie geriet in Angst und Sorge. Alle Mühe war vergebens, das Kind erwachte nicht mehr zum Leben. Als der König die schreckliche Nachricht vom Tod seines Sohnes vernahm, führte er sich wie von Sinnen auf. Er drohte und flehte zur gleichen Zeit, und in seinem von Kummer verwirrten Zustand beschimpfte er die Götter.

Da erschienen die Heiligen Angira und Narada Muni vor dem König und versuchten ihn zu beruhigen. Als der König wieder einigermaßen bei Sinnen war und sich beruhigt hatte, sprach Angira zu dem König: »Wache auf aus deiner Verwirrung! Es gibt nichts Ewiges in dieser materiellen Welt. Personen kommen als Verwandte zusammen und trennen sich wieder, so wie der Wind die Wolken am Himmel zusammentreibt und wieder trennt.

Als ich bei dir war, warnte ich dich. Du aber hast das Glück angenommen. So sei nun tapfer und nimm auch das Leid an. Denn in der materiellen Welt gibt es das Eine nicht ohne das Andere!«

Dann rief Narada Muni die Seele des Sohnes zurück in den Körper, der sogleich wieder zum Leben erwachte. Das Kind sprach mit der Stimme einer verwirklichten Seele, eines Weisen: »Warum zwingst du mich zurück in diesen Körper? Was habe ich mit diesem Menschen zu tun? Ich wandere von Körper zu Körper, je nach meinen vorangegangen Taten. Wann vorher war dieser König mein Vater? Was hat er für einen Anspruch auf mich?

Dieser König war in seinem letzten Leben mein Feind und er hat mir viel Leid zugefügt. So nahm ich Geburt an als sein Sohn mit dem einzigen Ziel, ihm Unglück zu bringen mit meinem frühen Tod. Nun habe ich nichts mehr mit ihm zu schaffen!«

Und damit entschwand die Seele erneut aus dem Körper des Kindes. Der König, der jetzt den Grund seines Leidens wusste, wurde sehr nachdenklich. Und als er alles so recht bedachte, wurde er mit spirituellem Wissen erleuchtet.

Er legte jegliches Verlangen nach weltlichen Dingen ab und lebte zufrieden mit dem, was die Götter ihm zugedacht hatten. Er verwendete seine Energie für Selbsterkenntnis.

Der heilige Dhruva Maharaj

Vor langer Zeit lebte Uttamapada mit seinen Frauen Suniti und Suruchi. Uttamapada war der erste Sohn von Manu, dem Stammvater des Menschengeschlechts.

Uttamapada war ein weiser und geachteter Herrscher; allerdings hatte er eine Schwäche. Er war mit zwei Frauen verheiratet. Er war Suruchi wegen ihrer Schönheit verfallen, und so vernachlässigte er Suniti. Beide Frauen hatten ihm je einen Sohn geschenkt. Sie hießen Uttama und Dhruva.

Als seine beiden Söhne ihren fünften Geburtstag feierten, saß Uttamapada in seinen Gemächern und sein Söhnchen Uttama spielte auf seinem Schoß, als Dhruva, sein zweiter kleiner Sohn, in den Raum kam. Er war von großer Zuneigung zu seinem Vater erfüllt und wollte auch auf dessen Schoß klettern.

Uttamas Mutter Suruchi war durch ihre bevorzugte Stellung hochmütig und hartherzig geworden, und sie stieß Dhruva von seinem Vater weg und sprach: »Um deines Vaters Gunst zu bekommen, musst du erst als mein Sohn wiedergeboren werden, und dafür musst du Narayana verehren und große Opfer auf dich nehmen!«

Dhruva blickte enttäuscht zu seinem Vater auf, aber dieser war ganz mit Uttama beschäftigt und nahm ihn überhaupt nicht wahr.

Weinend lief Dhruva zu seiner Mutter Suniti und klagte ihr sein Leid. Sie versuchte ihn zu trösten und sprach: »Gerechtigkeit gibt es nur bei Gott. Hier auf Erden sind wir alle unserem Karma – den guten und schlechten Reaktionen – ausgeliefert. Aber Suruchi hat recht, durch Verehrung von Narayana und Opfern zu Ihm kann man alles Erwünschte erlangen.«

Dhruva fragte neugierig: »Mutter, wer ist Narayana und wo kann ich Ihn finden?«

Suniti erwiderte: »Narayana ist ein Name von Sri Vishnu, des höchsten Herrn, der die Bedürftigen beschützt und sie von Sorgen und Nöten befreit. Er ist nicht leicht zufriedenzustellen, aber wer Ihn ernsthaft und standhaft verehrt, dessen Wünsche erfüllt Er gewiss.«

Der kleine Dhruva dachte über die Worte seiner Mutter nach und beschloss, diesen Narayana zu suchen. In der folgenden Nacht, als alle im Palast schliefen, schlich sich der Fünfjährige davon und lief aus der Stadt in den Wald. Eifrig suchend lief er umher und rief nach Narayana. Er fragte die Bäume, die Blumen und die wilden Tiere, doch ohne Erfolg.

Da traf er den Weisen Narada Muni, der meditierend unter einem Baum saß, und fragte ihn: »Bist du Narayana?« Narada verneinte, neigte sich zum Kind und sprach: »Höre mein Kind, du solltest zu Hause bei deinen Eltern sein. Du bist zu jung, um nach Gott zu suchen. Gehe wieder nach Hause und verbringe deine Jugend mit deinen Spielkameraden. Werde ein geachteter Mann, und wenn du alt geworden bist, kommt die Zeit, der Welt zu entsagen und nach Gott zu suchen.«

Aber der Kleine entgegnete: »Heiliger Mann, meine Stiefmutter hat mich von meinem Vater verjagt und mich zurückgewiesen. Jetzt suche ich Narayana, dass Er mir hilft, noch mehr Macht zu bekommen, als mein Vater hat, sodass mich niemand mehr verjagen kann!«

Der Weise antwortete ihm: »Narayana ist nicht so leicht zu finden. Große Yogis haben Ihn erst nach Jahren der Meditation und schwerster Entsagung erkennen und finden können.«

Dhruva aber blieb hartnäckig und weigerte sich, nach Hause zu gehen. »Es gibt für mich kein anderes Ziel im Leben, als Narayana zu finden und von Ihm meine Wünsche erfüllt zu bekommen.«

Narada Muni war bewegt von Dhruvas Ernsthaftigkeit und Entschlossenheit, und so sagte er: »Meditiere über den Herrn, gib dich Ihm ganz hin. Versuche Seine Gegenwart immer und überall zu erkennen. Verehre Ihn, und Er wird dir deine Wünsche erfüllen.«

Narada Muni gab Dhruva das Mantra »OM Namoh Narayana« und unterwies ihn in der Verehrung des Herrn. Er wies ihn auch an, nach dem Wald Madhuvan zu gehen und dort seine Entsagungen auf sich zu nehmen. Hocherfreut zog Dhruva dort hin, ließ sich unter einem Baum nieder, formte eine Figur des Herrn aus Lehm und begann Ihn zu verehren. Ununterbrochen rezitierte er das Mantra »OM Namoh Narayana«, und mit der Zeit wurden seine Gedanken immer mehr auf den Herrn fixiert.

Unterdessen war der Heilige Narada in den Palast zu Dhruvas Vater gegangen und hatte ihm alles von seinem Sohn erzählt. Uttamapada war über dessen Verschwinden sehr entsetzt, und er war in tiefer Sorge um seinen Sohn. Er hatte sein gleichgültiges Verhalten dem Kind gegenüber als falsch erkannt und auch Suruchi bereute inzwischen ihr hartherziges Verhalten.

So freuten sie sich zu hören, dass Dhruva wohlbehalten und gesund war, und Narada Muni versicherte ihnen, der kleine Dhruva werde sein Ziel erreichen und dann wieder nach Hause kommen. Nach seinem Tod werde er als großer Heiliger in die spirituellen Sphären, die himmlischen Welten, eingehen.

Dhruva hatte sich inzwischen ganz der Verehrung Gottes und der Meditation hingegeben. Alle seine Gedanken waren auf Narayana gerichtet. Anfangs lebte er von den wilden Früchten und Wurzeln des Waldes. Dann schränkte er sich weiter ein und aß nur ab und zu ein Blatt von einem Busch in seiner Nähe. Bald trank er nur noch ab und zu einen Schluck Wasser, und danach gab er Essen und Trinken ganz auf. Er lebte nur noch von der Lebensluft aus dem Atem. Er tauchte ganz in die Schwingungen der Schöpfung ein und lebte im Einklang mit ihr. Bald verlor er jede Beziehung zu seiner Umgebung. Tag und Nacht, Sommer und Winter, Hitze und Kälte waren nicht mehr existent für ihn. Dafür hatte er beständig das Bild von Narayana vor seinem geistigen Auge.

Durch seine Entsagung und spirituelle Bemühung verstärkte er die Schwingungen in der Schöpfung und die Halbgötter begannen sorgenvoll nach der Ursache zu suchen.

Als Letztes stellte Dhruva auch den Atem ein und sofort stoppte auch der Weltenatem. Die Halbgötter und die Bewohner der himmlischen Planeten gerieten in Panik und flohen zu Narayana. Sie flehten Ihn an, ihnen zu helfen und Schutz zu gewähren.

Narayana sagte zu ihnen: »Ich kenne Dhruvas innige Verehrung und seine stärksten Entsagungen. Es wird Zeit, ihm seine Wünsche zu erfüllen. Fürchtet euch nicht mehr.«

Vor Dhruvas geistigem Auge verschwand plötzlich die Gestalt Narayanas, die er während der Meditation ständig vor sich gesehen hatte. Er schreckte aus seiner tiefen Versenkung auf. Da sah er die Person Narayana leibhaftig vor sich stehen. Ehrfurchtsvoll warf sich Dhruva dem Herrn zu Füßen. Narayana aber sprach: »Ich bin mit deinen Bemühungen und deiner Verehrung sehr zufrieden. Ich kenne deinen Herzenswunsch, und er sei dir erfüllt.«

Dhruvas Herz war aber während seiner Meditationen vollständig von allen materiellen Wünschen gereinigt, und so sprach er: »Oh Herr, Du bist so gütig zu den Bedrängten, aber ich war ein Narr, Dich um materielles Glück anzuflehen. Ich habe Glasscherben gesucht und habe nun ein Juwel gefunden. Gewähre mir nur die eine Bitte – immer, Leben für Leben – in Deinem Dienst verweilen zu dürfen.«

Der Herr erwiderte: »Du wirst in diesem Leben ein großer König werden, geehrt und geachtet von deinen Untertanen. Doch nach diesem Leben wirst du in die himmlischen Welten erhoben und wirst dort ein ewiges, unveränderliches Reich bekommen. Der Stern, auf dem du regieren wirst, wird als fester Punkt am Himmel stehen, und die Menschen werden sich auf ihren Reisen nach dir richten. Dieser Stern wird als Dhruva Nakshatra bekannt werden. Jetzt aber gehe zu deinem Vater und diene ihm, bis er sich vom Thron zurückzieht, und werde ihm ein würdiger Nachfolger.«

Nachdem der Herr Dhruva gesegnet hatte, kehrte Er in sein spirituelles Reich zurück. Dhruva kehrte heim zu seinem Vater, der ihn mit großer Freude empfing. Als Dhruva alt genug war, wurde er zum König gekrönt.

Als Dhruva Maharaj regierte er gerecht und weise, und nach seinem Tode ging er zu seinem Stern, der am Himmel als ruhender Pol für alle Orientierungssuchenden eine unentbehrliche Hilfe wurde. Es ist der Polarstern.

König Janaka und Suka Deva

Vor langer Zeit lebte einmal ein großer Weiser namens Vyasa, der der Verfasser der größten Hindu-Schrift, der Bhagavad Gita, ist.

Ihm wurde ein Sohn geboren, dem er den Namen Suka Deva gab. Dieses Kind war eine große Seele und war bereits im Alter von sieben Jahren mit den schwierigsten vedischen Schriften bewandert. Suka Deva hatte sich entschlossen, der Welt zu entsagen und auf die Suche nach einem wahren Meister zu gehen.

Da riet ihm sein Vater, zu König Janaka, dem Herrscher der dortigen Provinz zu gehen. Und so betrat Suka Deva eines Tages den Palast und sah den König auf einem mit Smaragden und Diamanten geschmückten goldenen Throne sitzen, umgeben von Höflingen und spärlich bekleideten Hofdamen, die ihm mit kostbaren Wedeln kühle Luft zufächelten. König Janaka rauchte eine große Wasserpfeife.

Dieser Anblick entsetzte Suka Deva so sehr, dass er sich sofort umwandte und schnellen Schrittes aus dem Palast eilte. Dabei sprach er vor sich hin: »Mein Vater sollte sich schämen, mich zu diesem materiell gesinnten König zu schicken. Wie könnte ein solch weltlicher Mensch mein Lehrer sein.«

König Janaka war jedoch nicht nur ein König, sondern auch ein Heiliger. Er lebte in der Welt, ohne von der Welt zu sein. Da er geistig weit fortgeschritten war, konnte er auf telepathischem Wege die Gedanken des fliehenden Suka Deva erfassen.

Und so sandte der heilige König dem Jungen einen Boten nach, der ihn bat, zurückzukehren, woraufhin Suka Deva erneut vor den König trat. Der König sandte sein Gefolge fort und begann sogleich, ein tiefgründiges Gespräch über Gott zu führen. Vier Stunden vergingen und Suka Deva begann unruhig und hungrig zu werden. Aber er wagte es nicht, das Gespräch des in göttlicher Verzückung befindlichen Königs Janaka zu unterbrechen.

Eine weitere Stunde war vergangen, als zwei Boten eintraten und riefen: »Eure Majestät, die ganze Stadt steht in Flammen! Das Feuer breitet sich schon in Richtung des Palastes aus. Wollt Ihr nicht herauskommen und die Löschmanöver überwachen?«

Der König erwiderte: »Ich bin zu sehr damit beschäftigt, mit meinem Freund Suka Deva über den allbeschützenden Gott zu sprechen, als dass ich für irgendetwas anderes Zeit hätte. Geht und helft den anderen, das Feuer zu löschen.«

Als wieder eine Stunde vergangen war, kamen die beiden selben Boten zu König Janaka gelaufen und riefen: »Eure Majestät, bitte flieht! Die Flammen haben bereits den Palast erreicht und nähern sich Eurem Gemach!«

Der König antwortete: »Schon gut! Stört mich nicht, denn ich trinke mit meinem Freunde den Nektar der göttlichen Erzählungen. Geht und tut alles, was in euren Kräften steht.«

Suka Deva war verwirrt über des Königs Haltung, versuchte aber, ebenfalls unberührt von dem aufregenden Geschehen zu bleiben. Kurz darauf sprangen zwei angesengte Boten vor König Janaka hin und schrien: »Mächtiger König, seht – die Flammen nähern sich Eurem Thron! Lauft geschwind, ehe Ihr beide zu Tode verbrennt!«

Der König erwiderte: »Lauft ihr und rettet euch. Ich ruhe viel zu friedvoll in den Armen des allbeschützenden Gottes, als dass ich die zerstörerischen Flammen fürchten könnte.« Die Boten entflohen – und die Flammen züngelten nach dem Bücherstoß, den Suka Deva neben sich liegen hatte.

Der König jedoch saß regungslos und völlig unbeteiligt da. Da verlor der erregte Suka Deva seine Beherrschung. Er erhob sich von seinem Sitz und schlug nach den Flammen, um seine kostbaren Bücher zu retten.

König Janaka aber winkte lächelnd mit der Hand, und das Feuer verschwand augenblicklich auf geheimnisvolle Weise. Von tiefer Ehrfurcht erfüllt, sank Suka Deva auf seinen Sitz zurück.

Da sprach der König ruhig: »Oh junger Suka Deva, du glaubtest, dass ich ein materiell gesinnter König sei, aber sieh dich selber an! Du gabst den allbeschützenden Gedanken an Gott auf, um einen Stoß Bücher zu retten, während ich meinem brennenden Königreich und Palast keinerlei Beachtung schenkte.

Gott bewirkte dieses Wunder, um dir zu zeigen, dass du als Entsagender mehr an deinen Büchern hängst als an Gott oder als ich an meinem Königreich, obgleich ich in der Welt und nicht in einer Einsiedelei lebe.«

Beschämt und demütig erkannte der junge Suka Deva den heiligen König als seinen Guru an.

Der Weise Ashtavakra

Kahoda war der Lieblingsschüler des Weisen Uddalaka und diente ihm mit voller Hingabe. Da Uddalaka sehr mit seinem Schüler und dessen Gelehrigkeit zufrieden war, gab er ihm nach Abschluss der Studienzeit seine Tochter Sujata zur Frau.

Kahoda lebte weiter mit seiner jungen Frau in der Einsiedelei von Uddalaka und begann eigene Schüler in den Veden, den heiligen Schriften, zu unterweisen. So lebten sie ein einfaches, aber zufriedenes Leben. Einige Zeit verging, dann wurde Sujata schwanger, und sie hoffte, dass ihr Kind genauso gelehrt werde wie ihr Mann. Und so richtete sie es jedes Mal so ein, dass sie in der Nähe sein konnte, wenn Kahoda seine Schüler unterrichtete. So konnte das Kind schon im Mutterleib die Veden verstehen und meistern.

Eines Tages, als Kahoda einige Verse aus den Veden zitierte, unterlief ihm ein Fehler und sofort war eine Stimme zu hören: »Vater, dies ist nicht die rechte Weise, die Verse zu betonen!« Erstaunt fragte Kahoda, wer ihn da unterbrochen hätte, und Sujata sagte ihm, es sei ihr so vorgekommen, als hätte das Kind in ihrem Leib gesprochen.

Wütend rief Kahoda: »Du respektlose Person, noch nicht geboren und schon am Kritisieren. Dafür soll dein Körper an acht Stellen verkrümmt sein!«

Als die Zeit der Geburt näher kam, machte sich Kahoda Gedanken über den Unterhalt seiner Familie und beschloss, nach Mithila zu gehen. Dort regierte König Janaka, der sehr großherzig zu den Weisen und Gelehrten war und der gerade eine große Opferzeremonie begonnen hatte. Dabei wurden immer Priester und Gelehrte gesucht, und so hoffte er, etwas Geld für seine Familie nach Hause bringen zu können.

Er nahm Abschied von Sujata und seinem Schwiegervater und wanderte nach Mithila. König Janaka empfing ihn freudig und sprach: »Du großer Weiser, du kommst gerade zum rechten Zeitpunkt. Ein Gelehrter namens Bandhi weilt in Mithila und fordert alle Weisen, die zur Opferzeremonie kommen, zu einem gelehrten Wettstreit heraus. Noch niemand konnte ihn bisher bezwingen. Da er aber jeden Unterlegenen im Fluss ertränken lässt, hat es mich schon viele Gelehrte gekostet und ich finde keine Priester mehr für mein Opfer. Wenn du mir hilfst und ihn bezwingst, so werde ich dich fürstlich belohnen.«

Kahoda erwiderte sofort, dass er die Herausforderung annehmen werde, und alles wurde für den Wettstreit vorbereitet. Die Debatte ging hin und her, aber so sehr sich Kahoda auch bemühte, musste er sich am Ende geschlagen geben. Bandhi triumphierte und Kahoda wurde im Fluss ertränkt.

Als Sujata die traurige Wahrheit vernahm, brach ihr fast das Herz, und ihrem Vater gelang es nur mit großer Mühe, sie zu trösten und ihr wieder Lebensmut zu geben. Er versprach, für ihr Kind wie ein Vater zu sorgen. Kurz darauf brachte sie einen Sohn zur Welt, von leuchtendem Aussehen, jedoch an acht Stellen des Körpers verkrümmt.

Uddalaka gab ihm den Namen »Ashtavakra« wegen seiner Deformationen, denn »Ashta« bedeutet die Zahl 8. Uddalakas Frau gebar zur gleichen Zeit auch einen Sohn, den sie Svetaketu nannten.

Die beiden Knaben wuchsen zusammen unter der liebevollen Obhut Uddalakas wie Brüder auf und Ashtavakra sah ihn als seinen Vater an. Beide bekamen die gleiche Erziehung und Ausbildung, und es herrschte Friede und Eintracht in der Einsiedelei. Als die Knaben 12 Jahre alt geworden waren, hatte Ashtavakra als Erster seine Ausbildung abgeschlossen.

Uddalaka war sehr stolz auf ihn und lobte ihn. Dies missfiel Svetaketu, er stieß Ashtavakra von seinem Vater weg und rief: »Du bist nicht der Sohn Uddalakas. Dein Vater ist tot!«

Geschockt lief Ashtavakra zu seiner Mutter und rief: »Svetaketu sagte, mein Vater sei tot!« Seine Mutter drückte ihn tröstend an sich und erzählte ihm alles, was sich in Mithila zugetragen hatte.

Sofort entschloss sich Ashtavakra nach Mithila zu gehen und seinen Vater zu rächen. Ohne seiner Mutter etwas zu sagen, brach er nachts auf, nur von Svetaketu begleitet.

Als sie am Königshof angekommen waren, wollten die Palastwachen die beiden Knaben abweisen, aber ihre höfliche, aber doch entschiedene Art, eine Audienz beim König zu verlangen, beeindruckte die Wachen, und so ließen sie die Knaben dann doch zum König vor. König Janaka war erstaunt, als er das Begehren von Ashtavakra vernahm, Bandhi herauszufordern.

Ashtavakra aber sagte: »Ich habe meine Ausbildung beendet und die Veden schon im Mutterleib gemeistert. Gelehrsamkeit und Weisheit sind nicht vom Alter und grauen Haaren abhängig.«

Als er noch einige Testfragen des Königs zu dessen Zufriedenheit und zum Staunen der Anwesenden brillant beantwortet hatte, war König Janaka bereit, Bandhi rufen zu lassen. Bald begann der Wettstreit und in relativ kurzer Zeit hatte Ashtavakra Bandhi in eine aussichtslose Situation gebracht. Bandhi musste seine Niederlage eingestehen. König Janaka war darüber hocherfreut und alle Anwesenden riefen: »Jetzt muss er das Schicksal der Unterlegenen teilen. Ertränkt ihn im Fluss.«

Bandhi erhob sich aber lächelnd und sprach: »Verehrter König, Edle vom Hofe. Seid versichert, niemand hat durch mich den Tod gefunden. Alle Weisen und Gelehrte leben. Ich bin ein Sohn von Varuna, der Gottheit des Wassers. Da er eine Opferzeremonie vorbereitete und Gelehrte und Priester benötigte, schickte er mich, sie von der Erdenwelt zu holen. Alle, die ich besiegte, sind wohlauf am Hofe meines Vaters. Da die bestimmte Zeit für das Opfer nun vorbei ist, werden alle bald wieder hier sein. Lasst uns zum Fluss gehen und sie gebührend empfangen. Und Ashtavakra wird seinen Vater in die Arme schließen können. Durch seine Weisheit kann ich nun wieder zu meinem Vater zurückkehren.«

Er segnete Ashtavakra und alle begaben sich zum Fluss. Bald darauf taten sich die Fluten auf und alle Weisen und Gelehrten kamen wieder gesund und strahlend an die Oberfläche. Kahoda nahm seinen Sohn nun zum ersten Mal in die Arme. Bandhi aber sprang in den Fluss und verschwand vor aller Augen im Wasser.

Kahoda verabschiedete sich nun mit seinem Sohn Ashtavakra und Svetaketu von König Janaka.

Als sie an einem Fluss bei ihrem Ashram ankamen, befahl Kahoda seinem Sohn, er solle in das Wasser springen. Dieser tat, wie ihm befohlen, und zum größten Erstaunen und zur Freude aller kam er mit einem unversehrten und geraden Körper wieder aus dem Wasser. Kahoda sagte: »Dies ist der Dank von Varuna für deine Entbehrungen und weil du so lange auf mich verzichten musstest!«

Nun kehrte wieder Freude in die Einsiedelei Uddalakas ein und Friede und Harmonie sind bis zum heutigen Tage dort zu finden.

König Vishwamritra und seine Entsagungen

Vor langer, langer Zeit zog König Vishwamritra mit seinen hundert Söhnen und dem königlichen Gefolge über die Erde und erreichte eines Tages die Einsiedelei vom großen Weisen Vashistha.

Vishwamritra trat vor Vashistha und bezeugte ihm seine Verehrung. Vashistha bat den König, es sich bequem zu machen und Gast bei einem Festmahl zu sein. König Vishwamritra wollte Vashistha nicht in Verlegenheit bringen und wünschte nur einen Schluck Wasser zur Erfrischung. Aber der große Weise bestand darauf, den König und sein Gefolge angemessen zu bewirten.

Er rief seine Kuh Kamadenu herbei. Diese Kuh war ihm von den Halbgöttern der himmlischen Welt geschenkt worden und sie war in der Lage, ihrem Herrn alles nur Gewünschte zu geben. So erschien im Nu eine riesige Tafel mit den feinsten und erlesensten Speisen, und der Weise Vashistha ließ es sich nicht nehmen, den König und sein Gefolge selbst zu bedienen.

Als das Mahl beendet war und der König ausgeruht hatte, wurde des Königs Sinn gierig. Er beschloss, die Kuh für sich selbst zu beanspruchen. Er versuchte sie dem Weisen abzuhandeln, aber ohne Erfolg.

Vashistha sprach nur: »Nicht für alle Reichtümer der Welt trenne ich mich von dieser Kuh. Sie ist mir lieb und versorgt mich mit allem, was ich für mein religiöses Leben brauche.«

Der König, der keinen Widerstand gewohnt war, entschloss sich zur Gewalt und rief seinen Kriegern zu: »Ergreift die Kuh, sie ist eines Königs wert. Lasst uns sehen, wer sie uns verweigert.« Als die Krieger die Kuh fortführen wollten, floh sie zu Vashistha, der aber nur ruhig dastand.

Da fragte Kamadenu: »Vashistha, gebt mir die Erlaubnis, mich selbst zu verteidigen und den Hochmut des Königs zu dämpfen.«

Der Weise nickte und sagte: »So sei es.« Daraufhin erschuf Kamadenu Horden von Kriegern, die sich sofort auf die Soldaten des Königs stürzten. Eine grimmige Schlacht begann. Am Abend waren alle Krieger Vishwamritras vernichtet. Als seine Söhne Waffen schwingend auf Vashistha zustürmten, blickte er sie nur mit zornigen Augen an und sie verbrannten sofort zu Asche. Mit wenigen Getreuen floh König Vishwamritra.

Zurückgekehrt in seine Hauptstadt, übergab er das Königreich seinem letzten Sohn, der im Palast geblieben war, um den Vater zu vertreten. Er beschloss auf seinen Thron zu verzichten.

Er dachte bei sich: ›Was nützt mir alle weltliche Macht gegen die spirituelle Macht. Nicht die Kraft der Krieger ist die höchste, sondern die spirituelle Kraft der Heiligen. Ich werde diese höchste Macht erstreben.‹

Er wanderte in das Himalajagebirge und begann rigorose und harte Entsagungen auf sich zu nehmen. Bald hatte er seine Sinne und seinen Körper bezwungen und die Halbgötter des Himmels waren mit ihm und seiner Buße zufrieden.

Brahma, der Schöpfer der materiellen Welt, stieg selbst zu ihm herab und erhob ihn in den Stand eines Raja-Rishi, da er ja als Raja, als König, geboren war. Vishwamritra war aber gar nicht zufrieden. Er strebte den höheren Stand der Brahma-Rishis an, der den Brahmanen vorbehalten ist, da er Vashistha gleich werden wollte.

Er zog zu dem heiligen See Puskara, um dort seine Entsagungen zu vertiefen. Die Halbgötter dachten, sie müssten verhindern, dass er jemals den Stand eines Brahma-Rishi erreiche.

Als er eines Tages ans Ufer des Sees kam, sah er ein Mädchen mit wunderschönem, makellosem Körper im See baden. Es war die himmlische Nymphe Minaka. Die Lust überwältigte ihn und er verfiel ihr total. Er umwarb sie, und sie ließ sich mit ihm ein. So lebten sie einige Jahre glücklich zusammen. Vishwamritra vergaß ganz seine spirituellen Bemühungen.

Als er aber eines Tages die Tiere im Wald bei der Paarung beobachtete, schoss es ihm durch den Kopf. ›Wie ein Tier lebe ich hier. Ich hatte meinen Körper und meine Sinne bezwungen, aber ich bin der Lust verfallen. Dies muss eine Falle der Halbgötter gewesen sein, um mich von meinen Bemühungen abzubringen.‹

Er sandte Minaka wieder in die himmlische Welt und zog wieder in das Himalajagebirge, ließ sich am Ufer eines heiligen Flusses nieder. Er verschärfte seine Bemühungen, alles Materielle abzulegen. Und nach langer Zeit hatte er wieder so viel spirituelle Kraft und Reinheit erlangt, dass Brahma, der Schöpfer, erneut vor ihm erschien und ihn in den Stand eines Maha-Rishi, zum erhabenen Rishi, erhob.

Immer noch nicht als Brahma-Rishi anerkannt, verschärfte er weiter seine Bemühungen. Er aß nicht mehr und trank nicht mehr und gab sich ganz der Meditation hin.

Indra, der König des Himmels, bekam Angst, da er dachte, Vishwamritra wolle seine Stellung anstreben und ihn vertreiben. So sandte er die himmlische Nymphe Ramba, um ihn zu betören. Ramba trat neben ihn und begann liebliche Lieder zu singen.

Vishwamritra erwachte aus seiner Meditation, und als er die Augen öffnete, erkannte er sofort Indras Plan und wurde sehr zornig. Er verfluchte Ramba mit den Worten: »Ramba, für diese Respektlosigkeit sollst du zu einem Felsen erstarren und so tausend Jahre bleiben, bis ein Brahmane dich erlösen wird.«

Erschöpft und durch den Fluch all seiner Kräfte beraubt, dachte er: ›Ich habe wieder versagt. Ich hatte den Körper, die Sinne und die Lust bezwungen, aber noch nicht den Zorn. Ich muss mein Temperament in den Griff bekommen.‹

So begann er erneut, schwerste Entsagungen und Kasteiungen auf sich zu nehmen, indem er sich den Gewalten der Natur aussetzte und so unempfindlich gegen Hitze und Kälte wurde. Nach Jahren hatte er jeglichen materiellen Gedanken, jede materielle Regung aufgegeben und Körper und Geist, Sinne, Lust und sein Temperament unter Kontrolle. Seine spirituelle Kraft und das spirituelle Feuer in ihm begannen nun aber die gesamte Schöpfung zu beeinträchtigen.

Die Halbgötter, von der Hitze beunruhigt, richteten sich an Brahma und sagten: »Wenn wir Vishwamritra jetzt nicht in den Stand eines Brahma-Rishi erheben und er mit seiner Buße und Entsagung nicht aufhört, wird die Schöpfung ins Chaos gleiten.« Brahma willigte ein, erschien erneut vor Vishwamritra und erhob ihn nun in den Stand eines Brahma-Rishi. Er unterwies ihn in der spirituellen Wissenschaft.

Danach begrüßte ihn Vashistha und erkannte ihn als großen Weisen an. Seither gehört Vishwamritra zu den sieben auserwählten Rishis, zu den geistigen Lenkern des Universums.

Nachiketa und das Wissen über die Seele

Vor Tausenden von Jahren lebte ein Heiliger mit Namen Vajashrava. Dieser hatte einen Sohn, den er Nachiketa nannte.

Dieser war sehr wissbegierig und beobachtete schon als kleiner Knabe, wie sein Vater Opferrituale ausführte. Als Nachiketa alt genug war, das Studium aufzunehmen, gab ihn sein Vater zu einem Weisen zur Ausbildung.

Dort lernte er neben dem erhabenen Wissen der Veden auch das Leid und Krankheit, Alter und den Tod kennen. Als sein Lieblingstier – ein Reh, das ihm sehr zugeneigt war – starb, entstand eine rege Diskussion unter den Schülern, ob der Tod das Ende sei oder nicht. Sie fanden verschiedene Aussagen in den heiligen Schriften, die einmal die eine und dann wieder die andere Auffassung unterstützten. Auch ihr Guru konnte Nachiketas Wissbegierde nicht vollständig befriedigen.

Einige Tage später kam ein Bote von Nachiketas Vater, der ihn bat, nach Hause zu kommen, um ihm bei der Ausführung eines Opferrituals zu helfen. Das war ein sehr bedeutendes Opfer, bei dem der Ausführende all seinen Besitz als Opfer weggibt.

Als Nachiketa die Einsiedelei seines Vaters erreichte, begrüßte ihn dieser. Er bat ihn, den Schülern zu helfen, die Kühe aus dem Wald herbeizutreiben. Nachiketa sah, dass die Kühe schon sehr alt waren und auch die anderen Opfergaben ärmlich wirkten. Sein Vater Vajashrava hatte ein sehr bescheidenes Leben geführt und nie Reichtümer angehäuft.

Aus Angst, sein Vater könne mit seinem ärmlichen Besitz dem hohen Anspruch des Opferrituals nicht gerecht werden, beschloss Nachiketa, sich selbst als Opfergabe anzubieten. Er trat vor seinen Vater und sprach: »Ich bin jung und gesund und könnte jemandem von Nutzen sein. Wem willst du mich als Opfergabe geben?«

Dieser war darüber sehr erzürnt, weil er dachte, sein Sohn wolle ihn wegen seiner Armut verhöhnen. Er wandte sich ab.

Nachiketa wiederholte jedoch noch zweimal die Frage. Daraufhin hatte sich der Vater nicht mehr unter Kontrolle und schrie seinen Sohn an: »Ich werde dich Yama, dem Todesgott geben!« Sofort bereute er seine Worte und bat Nachiketa, seine Worte zu vergessen und ihn nicht zu verlassen.

Nachiketa jedoch sprach wohlgemut: »Vater trauere nicht, ich werde deinen Wunsch gerne erfüllen. Das Leben kommt und geht. Es ist noch niemand ewig hier geblieben. So kann ich vielleicht das Geheimnis des Todes ergründen. Gib mir bitte deinen Segen und lasse mich ziehen.« Damit nahm er Abschied und ging nach Yamaloka, dem Wohnort des Todesgottes. Er erreichte den Palast Yamas, als dieser gerade nicht anwesend war, und so blieb er wartend vor dem Tor stehen.

Nach drei Tagen kehrte Yama von seiner Reise zurück und erblickte den jungen Nachiketa, der immer noch vor dem Tor auf Einlass wartete. Er sprach ihn an: »Wer bist du? Du gehörst noch nicht in Mein Reich. Was willst du?«

Nachiketa erwiderte: »Verehrter Herr, ich bin Nachiketa, Sohn des Weisen Vajashrava. Dieser gab mich Dir als Opfergabe. Ich warte hier seit drei Tagen auf Dich!«

Erschrocken sagte Yama: »Du wartest hier seit drei Tagen? Hat dich niemand eingelassen oder dir wenigstens Speise oder Trank angeboten?«

»Nein, oh Herr.«

Yama dachte bei sich: ›Alle guten Taten gehen dem verloren, der den Brahmanen die Gastfreundschaft verweigert. Wie kann ich es wieder gutmachen?‹

Dann kam ihm die rettende Idee und er schlug Nachiketa Folgendes vor: »Da du drei Tage hier auf Mich warten musstest, ohne dass dich jemand als Gast empfangen hat, werde Ich dir drei Wünsche gewähren.«

Nachiketa sagte: »Als Erstes gib meinem Vater Friede und Freude. Als Zweites lehre mich das Opfer, durch das im Himmel Hunger und Durst unbekannt bleiben, damit auch auf Erden Hunger und Durst vermieden werden können.«

Yama erwiderte: »Es sei dir gewährt. Dein Vater wird dich glücklich und mit zufriedenem Herzen empfangen, wenn du zurückkehrst, und das Feueropfer, das Ich dich lehren werde, soll von heute an ›Nachiketa-Yagja‹ heißen. Und was ist dein dritter Wunsch?«

»Einige Gelehrte sagen, der Tod sei das Ende aller Existenz, andere wieder sagen, dass es ein anderes Leben nach dem Tod gibt. Erkläre mir das Geheimnis des Todes. Dies ist mein letzter Wunsch.«

Yama dachte zögernd nach. Um Nachiketa auf die Probe zu stellen, sagte er: »Auch die Götter sind sich nicht einig, wie könntest du es verstehen? Wähle einen anderen Wunsch. Frage nach Reichtum, Macht, schönen Mädchen, die für dich singen und tanzen und dich beglücken, Gesundheit und einem langen Leben. Wähle ein Königreich und es sei deins. Aber frage nicht nach dem Geheimnis des Todes.«

Nachiketa aber schüttelte den Kopf und erwiderte: »Was bringt mir Reichtum und ein Königreich, was schöne Mädchen? Dieses Glück ist nur zeitweilig. Ich möchte das wissen, das ewigen Frieden bringt. – Und wer außer Dir, der Du den Tod beherrschst, könnte es mir begreiflich machen. Ich werde keinen anderen Wunsch äußern.«

Erfreut über die Entschlossenheit des Jungen, begann Er ihn zu unterweisen: »Es gibt für die Menschen zwei Wege. Die Weisen wählen den guten Weg und verwirklichen das Selbst – ihre spirituelle Natur. Die anderen wählen den Weg des Genusses und gehen durch den nie endenden Kreislauf der Geburten. Wenn der Mensch stirbt, vergeht der Körper, nicht das Selbst.«

»Sind Körper und das Selbst denn nicht dasselbe?«

»Nein, das Selbst ist im Körper wie ein Fahrgast in einem Wagen. Der Körper ist der Wagen. Sie sind total verschieden!«

»So ist also das Selbst der Intellekt?«

»Nein, der Intellekt ist wie der Wagenlenker. Das Selbst ist auch verschieden von den Sinnen, die wie die Pferde sind, die den Wagen ziehen. Sie ziehen den Menschen in verschiedene

Richtungen, z. B. das Sehen, das Hören, das Riechen, das Schmecken und das Fühlen ziehen uns hierhin und dorthin.

Aber wie die Pferde von den Zügeln unter Kontrolle gehalten werden können, so können die Sinne durch den Verstand kontrolliert werden. Wenn die Pferde vor dem Wagen nicht kontrolliert werden, wird der Wagen vom Weg abkommen und umstürzen. Und wenn die Sinne nicht kontrolliert werden können, werden wir unser Ziel nicht erreichen und immer tiefer sinken.

Das Selbst aber – die Seele – ist ungeboren und kann nicht vernichtet werden; sie ist ewig. Sie wandert von Körper zu Körper. Aber wer alle Wünsche nach materiellem Genuss aufgegeben hat, erkennt seine Unsterblichkeit und verwirklicht seine spirituelle Natur schon in diesem Leben.«

Voller Verständnis, glücklich und friedlich kehrte Nachiketa zu seinem Vater zurück und wurde später ein weit gerühmter Lehrer, an den sich viele Schüler und Gelehrte um Unterweisung wandten.

Ambarisha Maharaj und seine Hingabe

Unter den Heiligen nimmt König Ambarisha Maharaj eine besondere Stellung als Bhakti-Yogi ein. Er wird als ein leuchtendes Beispiel für ein Leben in Hingabe an Gott angesehen. Ambarisha Maharaj war ein großer König in einem früheren Zeitalter. Er hatte sein ganzes Leben Sri Vishnu geweiht und sein größtes Verlangen war es, Sri Vishnu zufriedenzustellen.

Er diente Ihm aus ganzem Herzen mit seinem Körper und all seinen Sinnen: Er benützte seine Beine, um die Tempel und die Pilgerorte des Herrn zu besuchen, seine Hände, um die Tempel zu reinigen und zu schmücken, seinen Körper, um die Sadhus – die entsagten Mönche – und die Freunde Sri Vishnus zu umarmen, seine Augen, um den Herrn im Tempel und in allen Lebewesen zu sehen, und seine Ohren, um die schönen Erzählungen über seinen Herrn zu hören.

Seinen Mund benützte er, um über Sri Vishnu zu sprechen, und seine Zunge, die Speisen, die dem Herrn geopfert wurden, zu schmecken. Seine Nase benützte er, um die Blumen im Tempel zu riechen, und seinen Kopf, um ihn vor dem Herrn zu verneigen, und seinen Verstand, um sich an den Herrn zu erinnern.

Auf diese Weise hatte er seine niedere Natur und all die Versuchungen der Sinne bezwungen und jedes materielle Begehren abgelegt.

Einmal unterzog sich Ambarisha Maharaj einem Fasten. Er hatte mehrere Tage gefastet und in Meditation verbracht und Sri Vishnu verehrt. Als die von den Priestern bestimmte Zeit zum Fastenbrechen kam und alles schon zum Festmahl vorbereitet war, kam der Heilige Durvasa Muni zu Besuch. Ambarisha Maharaj empfing ihn mit allen Ehren und lud ihn ein, sein Gast beim Festmahl zu sein.

Durvasa Muni wollte zuerst noch ein Bad im Fluss nehmen und bat Ambarisha Maharaj, zu warten. Einige Stunden vergingen, ohne dass der Heilige wieder vom Fluss zurückkam. Die

Priester drängten den König, dass die richtige Zeit, um das Fasten zu brechen fast vorbei und das Opfer dann umsonst sei.

Andere warnten vor dem unberechenbaren Jähzorn des Heiligen. Und da war guter Rat teuer, da ein Gastgeber immer zuerst die Gäste versorgen sollte, ehe er selbst zu essen beginnt. Ein Ratgeber riet Ambarisha Maharaj, das Fasten mit einem Schluck Wasser zu brechen, da Wasser nach vedischem Stand nicht als Nahrung gilt, und sich so Durvasa Muni nicht zurückgesetzt und beleidigt fühlen könne.

Gerade, als der König sich das Wasser zum Munde führen wollte, kam Durvasa Muni und schrie wutentbrannt: »Du wirst als König als nobler Herrscher voll guter Eigenschaften verehrt. Und doch bist du nicht gewillt, auf deine Gäste zu warten. Nicht einen Tropfen Wasser solltest du zu dir nehmen, bevor du die geladenen Gäste bewirtet hast. Ich werde dich für diese Missachtung bestrafen.« Er riss sich eine Haarlocke aus und schleuderte sie auf Ambarisha Maharaj.

Die Haarlocke verwandelte sich in ein gleißendes Feuerrad, das auf den König zuschwebte. Alle Anwesenden gerieten in Panik und riefen: »Nur Sri Vishnu kann uns noch retten!« Da erschien am Himmel ein weiteres Feuerrad und verschlang das Feuerrad Durvasa Munis. Dieses zweite Feuerrad war das Sudashan Chakra, Sri Vishnus bevorzugte Waffe, und es raste nun auf Durvasa Muni zu.

Bedrängt von der Hitze des Feuerrades, rannte er in den Wald, floh auf die Berge, in die Wüsten und über die Ozeane. Sogar durch das Weltall verfolgte das Sudashan Chakra den Heiligen.

Da Durvasa Muni ein Anhänger Shivas war, suchte er nun verzweifelt dessen Schutz. Er floh auf den Berg Kailash und warf sich Shiva zu Füßen. Dieser jedoch bedauerte, ihm in diesem Falle nicht helfen zu können, und sagte: »Du hast den Zorn Sri Vishnus hervorgerufen. Nur Er kann dich retten. Suche Seinen Schutz.«

Daraufhin flüchtete Durvasa Muni zu Brahma, dem Schöpfer der materiellen Welt, der ihm auch nur raten konnte, den Schutz Sri

Vishnus zu suchen. Er sprach: »Suche den Schutz dessen, der dich durch seinen Zorn verfolgt.«

So floh Durvasa Muni vor der sengenden Hitze zu Sri Vishnu, warf sich Ihm zu Füßen und flehte: »Oh Herr, gib mir Deinen Schutz. Ich habe Deinen Getreuen Ambarisha Maharaj ungerecht behandelt. Vergib mir.«

Sri Vishnu erwiderte: »Wer seine Macht missbraucht, die Gerechten und Frommen zu verletzen, zieht das Verderben auf sich. Nur Ambarisha Maharaj hat die Macht, dich zu retten. Suche seine Vergebung und seinen Schutz.«

Durvasa Muni eilte schnurstracks zum Festplatz und flehte Ambarisha Maharaj an: »Habe Mitleid mit mir und vergib mir, rufe das Sudashan Chakra zurück!«

Alle Anwesenden sahen Durvasa Muni ganz erstaunt an, aber Ambarisha Maharaj betete: »Oh Herr, wenn Du mit meiner Hingabe zufrieden bist, so erlöse Durvasa Muni von Deinem Zorn.«

Sofort verschwand das Feuerrad und Durvasa Muni seufzte erleichtert auf. »Du Großmütiger, ich bin dir zu größtem Dank verpflichtet. Du hast meinen Zorn mit Milde vergolten. Niemand war in der Lage, das gefährliche Sudashan Chakra zu kontrollieren, nicht Shiva, nicht Brahma, nicht Vishnu. Dir gehorcht es aber sofort. Was ist das Geheimnis deiner Macht?«

»Meine Liebe zu Sri Vishnu«, erwiderte Ambarisha Maharaj. So zeigte der Herr, was wahre Hingabe bewirken kann.

Indra und der Dämonenkönig

In einem vergangenen Zeitalter, als die Devas, die Halbgötter, und die Asuras, die Dämonen, Krieg führten um die Vorherrschaft über die drei Welten, erschien einst ein Dämonenkönig total unbewaffnet in Amaravati, der Hauptstadt der Devas, der himmlischen Wesen und Engel.

Er ging direkt zum Hofe Indras, des Königs der Devas. Der Dämonenkönig hatte eine leuchtende Erscheinung und jeder, der ihn traf, war angenehm berührt. Alle Devas bewunderten den Dämonenkönig, als er so ruhig und selbstsicher am Hof erschien.

Er bestieg den Thron Indras, ohne dass ihm einer der Devas Widerstand leistete – ja, sie begannen den Dämonenkönig zu verehren. Indra fühlte sich in dessen Gegenwart schwach und ängstlich, und so floh er aus Amaravati, und der Dämonenkönig übernahm die Regentschaft über die drei Welten, die himmlischen, die irdischen und die höllischen Planeten.

Nach einiger Zeit erschien ein junger Brahmane am Hofe Indras. Er bat höflich, der Schüler des Dämonenkönigs werden zu dürfen. Der junge Brahmane diente dem König mit Hingabe. Er versuchte, ihm jeden Wunsch von den Augen abzulesen. Der König bewunderte die Demut des Brahmanen und gewährte ihm eines Tages die Erfüllung eines Wunsches. Der Brahmane sagte: »Erkläre mir das Geheimnis, wie du ganz allein die Herrschaft über die drei Welten erreicht hast.«

»Es ist der unbedingte Gehorsam zu meinem Guru«, erwiderte der Dämonenkönig. »Ich richte mich immer nach seinen Anweisungen, auch wenn es unbequem oder schmerzhaft ist, da ich weiß, dass es so zu meinem Besten ist. Ich versuche nachzugeben, ohne ärgerlich zu werden. So sind meine Sinne kontrolliert, mein Verhalten ist rein und beherrscht. Dieses rechtschaffene Verhalten gibt mir Kraft und Erfolg.«

Nach weiteren Jahren des treuen Dienstes versprach der Dämonenkönig seinem Schüler, erneut einen Wunsch zu erfüllen. »Gib mir dein makelloses Verhalten«, sprach der Brahmane. Erschrocken versprach der Dämon Gold, Macht und schöne Frauen. Aber der Brahmane bestand auf seinen geäußerten Wunsch. Dem Dämonenkönig blieb nichts übrig, als einzuwilligen, versprochen war versprochen. Erschüttert setzte sich der Dämon auf eine Bank, als eine leuchtende Gestalt aus ihm hervorkam und zu dem Brahmanen ging.

»Wer bist du?«, fragte der Dämon.

»Ich bin die Verkörperung deines makellosen Verhaltens. Du gabst mich weg. Nun gehöre ich zu dem Brahmanen.«

Eine weitere Gestalt erschien und sprach: »Ich bin die Rechtschaffenheit und kann nur dort leben, wo makelloses Verhalten vorzufinden ist.«

Als die Gestalt im Körper des Brahmanen verschwand, erschien eine dritte und sprach: »Ich bin die Wahrhaftigkeit und ich verlasse dich mit der Rechtschaffenheit.« Nach der Wahrhaftigkeit verschwand auch die Gestalt der guten Taten und eine weitere Gestalt erschien.

»Ich bin die Macht und lebte gerne in dir. Ich bin aber gezwungen, den guten Taten zu folgen.«

Nun erschien leuchtend die Göttin des Wohlstands und sprach: »Ohne Macht habe ich kein Leben, und so folge ich der Macht und den guten Taten zu dem Brahmanen.«

»Halt ein, oh Göttin und sage mir die Wahrheit! Wer ist dieser Brahmane?«

»Es ist Indra, der rechtmäßige König der Devas. Und du hast Ihn unterwiesen, dass du nur durch dein makelloses Verhalten die drei Welten erobern konntest.

So hat Er dieses Verhalten von dir erbeten, da Er erkannte,

dass mit deinem makellosen Verhalten auch deine Rechtschaffenheit, deine Wahrhaftigkeit, deine Macht und dein Wohlstand Ihm gehören würden.«

Total erschöpft sank der Dämonenkönig zu Boden, und König Indra bestieg noch strahlender und mächtiger als zuvor seinen Thron und beherrschte wieder die drei Welten.

Vrikasura, der Dämon

Diese Geschichte zeigt uns, wie dumm und unberechenbar die Gier nach Macht machen kann. Der Dämon Vrikasura entschloss sich einst, Shiva zu verehren, um die Herrschaft über die Welt zu erlangen. Shiva ist sehr leicht zufriedenzustellen und ist schnell bereit, die Wünsche Seiner Anhänger zu erfüllen. Da Shiva auch der Herr der Erscheinungsweise der Unwissenheit ist, fühlen sich viele Dämonen zu Ihm hingezogen und man findet viele niedere Wesen unter Seinen Anhängern.

Vrikasura errichtete nun einen Feueraltar und begann, Opfergaben ins Feuer zu geben. Als aber Shiva nicht sofort erschien, begann er sein eigenes Fleisch abzuschneiden und ins Feuer zu opfern. Als Shiva wieder nicht erschien, beschloss er, sich den Kopf abzuschneiden und als Gabe zu opfern.

Da tauchte Shiva aus dem Feuer auf und sprach: »Halt ein, es gibt keinen Grund, sich so zu quälen und zu töten, um Mich zu erfreuen! Was ist dein Wunsch?«

Da sprach der Dämon: »Ich möchte die Welt erobern. Gib mir den Segen, dass jeder stirbt, auf dessen Kopf ich meine Hand lege.«

Shiva willigte ein und sprach: »So sei es.«

Im selben Moment versuchte der Dämon nach Shivas Kopf zu greifen. Total erschrocken lief Shiva davon und Vrikasura rannte hinter Ihm her. Shiva entkam ihm mit knapper Not und eilte zu Sri Vishnu, um diesen um Hilfe zu bitten. Er erzählte Sri Vishnu alles, was vorgefallen war, und Sri Vishnu überlegte kurz und sprach dann: »Oh Shiva, überlasse ihn Mir.«

Als Vrikasura auf der Suche nach Shiva angestürmt kam, trat ihm ein junger Mönch entgegen und sprach: »Oh edler Herr, du siehst erschöpft aus, halte doch ein wenig an und raste. Erzähle mir, wonach du so angestrengt suchst.«

Vrikasura erzählte dem jungen Mönch von dem Versprechen Shivas und sagte dann: »Als ich die Wirkung bei Ihm selbst ausprobieren wollte, lief Er einfach davon. Nun suche ich Ihn.«

Der junge Mönch brach in schallendes Gelächter aus. »Du Narr«, sprach er zu dem verdutzt schauenden Dämon. »Die Sache ist doch so einfach. Shiva hat dich zum Narren gehalten, und wenn du die Hand auf Seinen Kopf gelegt hättest, wäre der Betrug doch offensichtlich geworden. Deshalb ist Er so schnell weggerannt.«

Worauf der Dämon erstaunt erwiderte: »Was, Shiva betrügt Seine Anhänger, das kann ich einfach nicht glauben!«

Lachend erwiderte der junge Mönch: »Dann probiere es doch an deinem eigenen Kopf aus. Du wirst schon sehen, dass ich recht habe.«

›Dies scheint mir eine gute Idee zu sein‹, dachte Vrikasura und legte sich die Hand auf seinen Kopf, wonach er sofort tot umfiel. Der junge Mönch verwandelte sich in Gott Vishnu und sprach zu dem erleichterten Shiva: »Jeder, der nach Macht strebt, um anderen zu schaden oder sie zu zerstören, zerstört letztendlich sich selbst.«

Satyakarma und seine Erkenntnis über Gott

Seit alter Zeit war es in Indien der Brauch, dass junge Menschen bei Weisen und Meistern in geistigen Dingen geschult wurden. Sie wurden in Ashrams, Waldeinsiedeleien, unterrichtet. Der Name der Stadt Rishikesh, die sich in Nordindien am Fuße des Himalajagebirges am Gangesufer befindet, deutet heute noch darauf hin, denn Rishikesh bedeutet »Land der Heiligen«. Dort weilten einst viele Heilige, weise Rishis, und viele Tempel zeugen von der Heiligkeit des Ortes.

Zu Gautama Rishi, einem berühmten Weisen im frühen Indien, kam eines Tages ein kleiner Knabe. Er trat demütig vor den Weisen und bat, er möge ihn als Schüler annehmen. Der Weise sprach: »Ich nehme aber nur Brahmanen als Schüler an. Sage mir, wer deine Eltern sind und aus welchem Stand und aus welcher Kaste sie kommen.«

Der Knabe zögerte und sprach: »Ich kenne nur meine Mutter, einen Vater habe ich nie gesehen.«

Der Weise erwiderte: »So gehe zu deiner Mutter und frage sie.«

Der Knabe begab sich auf den Heimweg, und als er die Frage des Weisen an seine Mutter gestellt und ihre Antwort gehört hatte, kehrte er zu Gautama Rishi zurück. Er verbeugte sich vor dem Weisen und sprach: »Meine Mutter weiß nicht, wer mein Vater ist, sie ist Prostituierte am Tempel und dient den Gästen. Und so geschah es, dass sie schwanger wurde. Sie kann mir also nicht sagen, von welcher Kaste mein Vater war.«

Der Weise umarmte den Knaben und hieß ihn als Schüler willkommen. Auf den Einwand der anderen Weisen in der Waldeinsiedelei erklärte Gautama Rishi: »Wer so ehrlich wie dieser Knabe ist, muss ein Brahmane sein. Es wäre ein Leichtes gewesen, eine vorteilhaftere Geschichte zu erfinden. Er blieb aber bei der Wahrheit. Er besitzt alle Eigenschaften eines Brahmanen, also nehme ich ihn als Schüler an.« Und er gab dem Knaben den Namen

»Satyakarma«, das bedeutet »Handeln in Wahrheit«. Dieser diente Gautama Rishi ergeben und wurde ein guter Schüler.

Als sich seine Schulzeit dem Ende näherte, nahm ihn Gautama Rishi beiseite und fragte ihn, was er sich als höchstes Ziel gesetzt habe. Satyakarma erwiderte: »Verehrter Meister, ich möchte die höchste Erkenntnis über Gott erlangen.«

Gautama Rishi betrachtete ihn für eine Weile schweigend und ging dann mit ihm zu den Rinderweiden. Dort sprach er: »Dies sind 400 Kühe und Stiere. Bringe sie in den Wald und hüte sie, bis sich ihre Zahl auf über 1.000 vergrößert hat. Dann bringe sie gesund und wohlgenährt zurück.«

Satyakarma verbeugte sich und zog mit den Rindern zu einem entfernten, einsamen Wald. Er wunderte sich und dachte: ›Ich sagte meinem Meister Gautama Rishi, ich wolle die höchste Erkenntnis über Gott erlangen, und er schickt mich in den Wald Kühe hüten. Ob ich Gott wohl hier im Wald finde?‹

Er erfüllte seine Aufgabe sehr sorgfältig und die Rinder gediehen prächtig. Nach und nach erkannte Satyakarma die Schönheit der Natur und sein Bewusstsein wurde ruhig und friedlich. Abends, wenn die Tiere versorgt waren, meditierte er über Gott und die Gedanken über Gott begannen zum Mittelpunkt seines Lebens zu werden.

Als die Zahl der Rinder auf über 1.000 angewachsen war und alle Tiere gesund und wohlgenährt waren, beschloss Satyakarma, dass es Zeit sei, heimzukehren.

Auf dem Rückweg vermisste er plötzlich ein kleines Kalb. Als er es nach mühevollem Suchen gefunden hatte, fragte er sich, ob er wohl auch eines Tages Gott finden werde. Er betrachtete die Kuh und ihr Kalb, und es war ihm plötzlich, als spräche die Kuh zu ihm.

»Gott ist im Norden, im Süden, im Osten und ihm Westen.« Da strahlte Satyakarma und dachte: ›Was laufe ich herum und suche Gott? Er ist doch überall.‹

Da sich der Tag dem Ende zuneigte, machte er ein Feuer und setzte sich daneben. Plötzlich hörte er eine Stimme aus dem Feuer: »Gott durchdringt alles, so wie ich das Holz mit den Flammen durchdringe. Gott durchdringt die Erde, das Meer und die Luft.« Da dachte Satyakarma: ›Oh ja, Gott ist endlos wie der Himmel.‹

Als am Morgen die Sonne aufging, bewunderte er ihren Glanz und fragte sich, wer diesen Glanz hervorbringe. Da hörte er die Stimme aus der Sonne: »Gott gibt der Sonne und dem Mond den Glanz. Er strahlt im Blitz und in den Sternen.«

Nun fragte er sich verwundert, wie es komme, dass er atmen, sehen, hören und denken könne. Da durchfuhr ihn die Erkenntnis, dass auch das Gottes Wirken sei. Kein Wind weht, kein Gras wächst, kein Mensch entwickelt sich ohne Gottes Willen.

Freudestrahlend kehrte er zu Gautama Rishi zurück und berichtete ihm. Er sprach: »Verehrter Meister, das heilige Wissen, das ein Lehrer vermittelt, hilft am besten, sein Ziel zu erreichen. Deshalb vertiefe meine Erkenntnis über Gott.«

Später wurde auch er ein großer, heiliger Weiser, der vielen Menschen auf dem spirituellen Weg half.

Die Unterweisung Prajapatis

Die Devas, die Bewohner der himmlischen Planeten, lebten ein Leben voller Luxus und Prunk. Sie waren ausgelassen und voller Freude. Sie kannten keinen Hunger oder Durst. Krankheit und Alter waren ihnen unbekannt, und trotzdem waren sie nicht wirklich glücklich. Sie hatten das Gefühl, etwas fehle in ihrem Leben. So beschlossen sie, zu Prajapati, dem Schöpfer aller Lebewesen zu gehen und Ihn um Rat zu fragen.

Die Menschen hier auf der Erde lebten ein hartes, arbeitsames Leben. Sie freuten sich an dem, was sie der Erde abringen konnten, und kämpften hart um jeden Erfolg. Sie wurden aber hartherzig und jeder hing an seinem Besitz, und niemand war bereit, etwas zu teilen oder abzugeben. Aber trotz allem angehäuften Reichtum waren sie nicht wirklich glücklich und fanden keinen Frieden im Geist. So beschlossen auch sie, Prajapati aufzusuchen und Ihn um Rat zu fragen.

Die Asuras, Dämonen und grobe Materialisten von den niederen Planeten verbreiteten Angst und Schrecken unter den Bewohnern aller Welten. Sie waren grausam und raubten alles, was sie brauchten. Sie unterdrückten die Rechtschaffenheit und die Religion. Niemand war vor ihnen sicher. Obwohl sie mächtig waren und jeder sie fürchtete, waren auch sie nicht glücklich und fühlten sich unzufrieden. So beschlossen auch sie, zu Prajapati hinzugehen und Ihn um Rat zu fragen.

Die Devas, die Menschen und die Asuras kamen nun alle zugleich am Wohnsitz Prajapatis, des Schöpfers aller Lebewesen an. Sie baten Prajapati, ihnen zu zeigen, wie sie Zufriedenheit und Glück finden könnten.

Er sah sie eine Weile schweigend an und sprach dann nur eine einzige Silbe: »Daaah.« Dann entschwand er. Devas, Menschen und Asuras sahen sich erstaunt an und wunderten sich, was diese

Silbe wohl bedeuten könnte. Dann zogen sie alle wieder zu ihrem Wohnsitz in ihren jeweiligen Regionen.

Die Devas zogen in ihre himmlischen Paläste, und als sie wieder ihr Leben in Prunk aufnahmen, rief einer: »Ich hab's! ›Dah‹ bedeutet ›Danyata‹, was so viel wie ›Einschränkung‹ bedeutet. Vater Prajapati wünscht bestimmt, dass wir bescheidener leben.« So beschränkten sich die Devas in ihrem Reichtum und Prunk und begannen, Selbstkontrolle zu üben. So erfuhren sie Zufriedenheit und Glück, wie sie es noch nie zuvor gekannt hatten.

Die Menschen begannen, sich wieder an ihre Arbeit zu machen. Als einer eine Schar Vögel auf einem Getreidefeld sah, wurde er zornig und wollte sie vertreiben. Plötzlich stoppte er und rief: »Freunde, ich weiß jetzt, was Vater Prajapati von uns möchte. ›Dah‹ bedeutet ›Datta‹, was so viel wie ›Barmherzigkeit‹ heißt. Er möchte, dass wir teilen und mildtätig sind und nicht nur Reichtümer horten.« So begannen die Menschen zu teilen, ihre Herzen wurden weich und sie erfuhren, wie viel Freude im Geben liegt.

Als die Asuras wieder mit ihren Raubzügen begannen, schreckten sie plötzlich auf und hielten in ihrer Zerstörung ein, denn es dämmerte ihnen, »Dah« bedeutet »Dajatwan«, was so viel wie »Mitleid und Erbarmen« heißt. Einer rief: »Vater Prajapati möchte, dass wir Mitleid mit anderen Geschöpfen haben.« Und so ließen sie ihre Gefangenen frei und verschonten ihre Opfer. Sie erfuhren eine tiefe Freude im Herzen, die ihnen zuvor unbekannt war. –

Um uns stets an die drei wichtigsten Tugenden Selbstkontrolle, Barmherzigkeit und Mitleid zu erinnern, hört man immer wieder, wie der Donner grollt: »Dah, dah, dah.«

Ebenfalls bei TRIGA – Der Verlag erhältlich

Monika Schacker

Im Einklang leben

Ein neues Bewusstsein für eine neue Erde

Mit vielen Fotos und Abbildungen

564 Seiten. Hardcover 25,90 Euro.
ISBN 978-3-89774-606-0

»Im Einklang leben« vermittelt ein umfassendes, zeitgerechtes Weltbild und eröffnet ganz neue Perspektiven für Ihr Leben. Sie lernen sich, Ihre Natur, Ihr Potenzial und Ihr wahres Wesen zu erkennen. In diesem Buch finden Sie nicht nur Lebensberatung für alle Lebenssituationen, sondern auch viele praktische Anregungen zum Umsetzen in allen Lebensbereichen - für ein erfülltes und erfolgreiches Leben. Ein großer Raum ist der Gesundheit, der Selbstheilung und den Sinnfragen des Lebens gewidmet.

»Im Einklang leben« geht auf die Brisanz der heutigen Zeit, zu Beginn des »Wassermann-Zeitalters«, ein, auf die Notwendigkeit des Umdenkens im Umgang mit der Erde, auf Umwelt-, Natur- und Tierschutz und es vermittelt Erkenntnisse aus der Metaphysik. Sie erfahren, wie Sie Alltagsleben mit Spiritualität verbinden können.

Wir sind alle miteinander vernetzt und mit allem verbunden. Alles was wir denken, fühlen und tun, hat eine Auswirkung nicht nur auf uns selbst, sondern auch auf globaler Ebene.

Es gilt besonders in der heutigen Zeit des Umbruchs, in der althergebrachte Werte ins Schwanken geraten, einen Überblick zu gewinnen, wie wir einen positiven Einfluss auf unser eigenes Wohlergehen und das Schicksal unserer Erde nehmen können.

»Im Einklang leben« zeigt und erklärt in verständlicher Weise, was wir selbst dafür tun können. Es umfasst alle Lebensbereiche.

Reinhart und Monika Schacker

Ayurveda Kuren

Ein praktisches wohltuendes Verwöhnprogramm für Gesundheit und Schönheit

Mit vielen Abbildungen

176 Seiten. Paperback. 18,00 Euro.
ISBN 978-3-89774-638-1

Ayurveda ist ein Begriff aus der alten indischen Sprache Sanskrit und bedeutet »Wissen vom Leben«. Es ist eines der umfassendsten Medizinsysteme der Welt, sowohl im körperlich/materiellen als auch im geistig/spirituellen Sinn.

Ayurveda betrachtet den Menschen als unteilbare Einheit von Körper, Geist und Seele. Ziel ist, dass wir ein gesundes, zufriedenes und erfülltes Leben in der materiellen Welt führen sollten, ohne unsere Wurzeln in der spirituellen Welt zu vernachlässigen.

Das Besondere, gleichsam das Herzstück der ayurvedischen Medizin, sind die Ayurveda-Kuren mit Öltherapien und Pancha-Karma, den Ausleitungsverfahren. Sie sind eine Wohltat für Körper, Geist und Seele und führen zu einer tiefgreifenden Reinigung des Körpers, zur allgemeinen Harmonisierung, Regeneration und damit zur Stabilisierung der Gesundheit. Damit sie aber den gewünschten Erfolg zeigen, sollen sie unter den richtigen Voraussetzungen begonnen werden.

Dieses Buch ist ein Ratgeber und gibt Ihnen in leicht verständlicher Weise Einblick in den Ablauf einer Ayurveda-Kur und beseitigt diesbezügliche Unklarheiten. Zudem eröffnet sich für Sie mit diesem Buch mit seinen praktischen Anleitungen die Möglichkeit, auch zu Hause eine ayurvedische Wellness- oder eine Reinigungskur mit wohltuenden Ölmassagen zu genießen.

TRIGA – Der Verlag
Feldstraße 2a · 63584 Gründau-Rothenbergen · Tel.: 06051/53000 · Fax: 06051/53037
E-Mail: triga@triga-der-verlag.de · www.triga-der-verlag.de